ΑΊΛΟΥΡΟΣ

Сергей Круглов

Натан

•

Борис Херсонский

В духе
и истине

AILUROS PUBLISHING
NEW YORK
2012

Sergey Kruglov. Natan
Boris Hersonskiy. In spirit and in truth

Ailuros Publishing
New York
USA

Фотография на обложке: Ксения Венглинская
Макет, редактирование: Елена Сунцова
Прочитать и купить книги издательства «Айлурос» можно здесь:
www.elenasuntsova.com

© 2012 Sergey Kruglov. All rights reserved.
© 2012 Boris Hersonskiy. All rights reserved.

ISBN 978-0-9838762-3-6

Илья Кукулин

Новые Странствования по душам

В 1875 году в частном письме, написанном за границей и поэтому без оглядки на цензуру, Николай Лесков признавался: «…Меня подёргивает теперь написать русского еретика — умного, начитанного и свободомыслённого *духовного христианина*, прошедшего все колебания ради искания истины Христовой и нашедшего её только в душе своей…»[1]. Мотивы, подтолкнувшие Лескова к размышлениям о таком сюжете, объяснены в том же письме: «Более чем когда-либо [я] верю в великое значение церкви, но не вижу нигде того духа, который приличествует обществу, носящему Христово имя».

В 1870-е годы писатель последовательно демонстрирует глубокую вовлеченность в православие и всё более критическое отношение к церкви как социальной институции. Он выпускает одну за другой просветительские брошюры о православной вере и цикл очерков «Мелочи архиерейской жизни», которые были восприняты как антицерковная книга и в 1884 году императорским указом запрещены к хранению и выдаче в общественных библиотеках.

Позицию Лескова в этом, как и во многих других случаях, критики в основном не поняли — или, точнее, не оценили её внутреннего единства. Тем более не было замечено, что в своих размышлениях о религии и церкви — как в публицистике, так и собственно в прозе — Лесков открыл для российской культуры важнейшую проблему: парадоксальность положения верующего в секуляризованном обществе.

Такой человек — всегда немного еретик. Он (или она) стремится соотнести свою земную повседневную жизнь с трансцендентным идеалом, но при этом сама его (или её) способность понимать, видеть, чувствовать этот идеал всё время — под сомнением, за неё нужно бороться. Эту способность оспаривают с одной стороны мирские оппоненты, а с другой — единоверцы и духовные лица, если они считают себя последними на Земле носителями духовной правоты. Такая

---
[1] Выделено Н.С. Лесковым.

«еретичность», по Лескову — не признак поражения исторического христианства, как полагал Лев Толстой в рассказе «Отец Сергий», а нормальное состояние верующего в современном мире.

Аналогичный взгляд на эти проблемы обосновал младший современник Лескова Владимир Соловьёв[2], а позже — немецкий протестантский теолог Дитрих Бонхёффер в своих письмах из тюрьмы, вошедших в книгу «Сопротивление и покорность»[3].

Именно потому, что Лесков так глубоко понимал парадоксальность положения верующего, он открыл принципиально новые пути изображения *труда веры*. Этому важнейшему элементу человеческой жизни в русской литературе не повезло. Труд веры, то есть труд соотнесения земной жизни с религиозным идеалом, изображали или умильно-апологетически, или гневно-сатирически, или, на худой конец, с горестным сочувствием, как в рассказе А.П. Чехова «Архиерей». У Лескова этот труд всегда показан с лёгкой иронией — как необходимое действие, которое, однако, нарушает светские приличия. Нарушением приличий являются и вся жизнь «очарованного странника», и поведение одного из героев «Мелочей архиерейской жизни» — владыки Поликарпа, который «сократическим методом» привёл свою собеседницу к мысли, что она имеет право и дальше жить в браке со своим кузеном, пусть это формально и противоречит церковным и государственным установлениям.

Понимание веры как «нарушения приличий» косвенно способствовало и жанровой новизне лесковских новелл, которые совмещают мелодраму, полудокументальный «рассказ из жизни» и притчу, по своей парадоксальности близкую к дзен-буддистским коанам.

---

[2] В докладе «Об упадке средневекового миросозерцания» (1891).

[3] Дитрих Бонхёффер (1906–1945) — немецкий протестантский богослов, участник подпольного движения сопротивления в нацистской Германии. В 1943 году арестован гестапо, повешен в концлагере Флоссенбург 9 апреля 1945 года. Его письма из тюрьмы и концлагеря были изданы посмертно и составили книгу «Сопротивление и покорность». «Когда наконец раз и навсегда откажешься от претензий сделаться "чем-то" — будь то претензии стать святым или грешником, обратившимся на путь истинный, или церковным деятелем, праведником или нечестивцем, больным или здоровым, — а ведь это я и называю посюсторонностью — жить в гуще задач, вопросов, успехов, неудач, жить, копя опыт и поминутно убеждаясь в своей беспомощности, — вот тогда-то и очутишься всецело в руке Божией, тогда ощутишь по-настоящему не только свою боль, но боль и страдание Бога в мире, тогда вместе с Христом будешь бодрствовать в Гефсимании, и я думаю, что это и есть вера, это и есть "метанойя". Тогда только и станешь человеком, христианином» («Сопротивление и покорность», письмо от 21.7.1944). С таким манифестом, вероятно, согласились бы оба героя этой книги.

* * *

Эстетическое и этическое открытие Лескова как-то потерялось в русской литературе. Книга, предлагаемая вашему вниманию, возрождает эту прерванную традицию. Два её автора ставят важные религиозные проблемы и одновременно создают язык, на котором об этих проблемах можно говорить в поэзии. Именно поэтому большой благодарности заслуживает инициатива Елены Сунцовой, которая решила издать эту книгу, пусть многие стихи из неё и публиковались раньше. Будучи собраны вместе, они приобретают новое качество.

Эта книга — о двух вымышленных православных священнослужителях. Сергей Круглов пишет о этническом еврее по имени Натан, который принимает сан священника и постоянно осмысляет и своё еврейство, и антисемитизм части своей паствы. Действие стихотворений этого цикла происходит, насколько можно судить, в 1990-е—2000-е годы. Герой Бориса Херсонского — старый епископ Гурий (Петров), который доживает свои дни в начале 1980-х[4]. Когда возникла идея объединить оба цикла под одной обложкой[5], её авторы решили «обменяться персонажами»: Херсонский написал стихи, которые мог бы сочинить Натан, а Круглов — стихи, которые могли быть созданы Гурием.

Оба автора, участвующие в этой книге-проекте, достаточно известны, и всё же напомню основные биографические сведения.

Борис Херсонский (р. 1950) — поэт, переводчик стихов, психолог и психиатр. Заведует кафедрой клинической психологии Одесского национального университета (Украина). Автор шести научных монографий. После нескольких публикаций 1960-х годов был вытеснен из легальной печати, в 1970-е — 1980-е годы стал одной из центральных фигур одесской неподцензурной литературы. С 1980-х годов публиковался сначала в эмигрантской периодике, потом в журналах России и Украины. Стихотворения Херсонского переведены на основные европейские языки, он — лауреат нескольких престижных литературных премий.

Сергей Круглов (р. 1966) — поэт, православный священник. Живёт в Минусинске Красноярского края. Учился на факультете журналистики Красноярского университета, работал журналистом в городских газетах Минусинска. Начал публиковаться как поэт в 1990-х годах. В 1999-м

---

[4] Примерная хронология основных дат жизни Гурия представлена в послесловии Ирины Роднянской к журнальной публикации цикла Бориса Херсонского: Новый мир. 2010. № 4. Текст послесловия воспроизводится на с. 98—101 этого издания.

[5] Проект был задуман Марией Майофис в 2008 году.

принял сан священника и прекратил публиковать новые стихи. Начал вновь печататься в 2006-м. С тех пор издал несколько книг стихотворений и был удостоен независимой Премии Андрея Белого.

Авторы этой книги хорошо друг с другом знакомы — и лично, и посредством новейших средств коммуникации. Поэт Фёдор Сваровский отнёс их к одному из центральных литературных движений 2000-х, которому дал довольно условное название «новый эпос»[6]. О новаторских чертах этого движения и о сложностях с его именованием писал и я[7].

Два персонажа этой книги — иереи, принадлежащие Русской православной церкви — организации, сначала нравственно пострадавшей от сотрудничества с советской властью, а затем не устоявшей от соблазна определять политический курс вполне светского — по крайней мере, по конституции — государства. Поскольку оба они — пламенно верующие (Натан свидетельствует об этом своём качестве всегда, Гурий — в предсмертную минуту, когда может больше не думать о советских «приличиях»), парадоксальность их «еретического» положения доведена до максимально возможного предела.

* * *

Два поэта решают задачу изображения столь внутренне-конфликтного самосознания разными методами.

Стих Круглова — взрывной верлибр с очень ощутимым, но переменчивым ритмом, порой — с экспрессивным сгущением согласных. Стих Херсонского — рифмованный, нарочито повествовательный: длинные строки могут состоять из нескольких предложений каждая. Переносы, внешне напоминающие знаменитые enjambements Иосифа Бродского, имеют другое, чем у Бродского, значение: они говорят не о расколе всего мироздания, а о разрывах в биографии героев и в их восприятии мира.

---

[6] *Сваровский Ф.* Несколько слов о «новом эпосе» // Интернет-журнал «РЕЦ». 2007. Июнь. № 44 (http://www.polutona.ru/rets/rets44.pdf).

[7] *Кукулин И.* Ангел истории и сопровождающие его лица: О поколенческих и «внепоколенческих» формах социальной консолидации в современной русской литературе // Пути России: Культура—общество—человек: Материалы Международного симпозиума (25—26 января 2008 года) / Под ред. А.М. Никулина. М.: Логос, 2008. С. 108—127; *Он же.* «Создать человека, пока ты не человек…»: Заметки о русской поэзии 2000-х // Новый мир. 2010. № 1.

Важнейшие средства Круглова — гротеск и жёсткая ирония. И Натан, и персонажи других его стихотворений постоянно чувствуют катастрофический разрыв между Богом и миром, который можно преодолеть только вдруг — болью и/или готовностью сопереживать всему миру. Особенно ярко это выражено в стихотворении «Натан участвует во встрече архиерея», которое представляется мне центральным для всего цикла, своего рода манифестом.

Круглов — автор, стремящийся выразить в стихах сознание современности. В его стихах о Натане «председатель местной ячейки Национал-Единого Фронта» (сегодня, в феврале 2012-го, эти строчки выглядят гораздо страшнее и одновременно гораздо смешнее, чем в середине 2000-х, когда были написаны) Лев Моисеевич Голосовкер издаёт ультраправую газету «Доколе», а россияне разных вероисповеданий, сталкивая в небе свои молитвы, просят Бога о царе, который был бы «Лучшим другом православных, / Лучшим другом баптистов, / Лучшим другом олигархов, скинхедов, домохозяек...». Современность Круглов мыслит — а его герой Натан духовным взором видит — как театрализованное столкновение языков, готовых к бесконечной властной экспансии, но ограниченных, озлобленных, упрощённых. Тех, кто надеется всю жизнь монологически проговорить на одном из этих языков, прежде всего очень жалко. Натан персонифицирует эту жалость: он готов вновь и вновь прощать всех, кто уверен в своей правоте и кто, пользуясь выражением А.А. Галича, «знает, как надо».

Такой тип гротеска почти не имеет прямых предшественников в русской поэтической традиции — кроме разве что Евгения Сабурова. Переживание катастрофического, и странным образом, везде заметного разрыва между Богом и миром, ощущение беспомощности главного героя и самоуверенности всех остальных, гротескный, физиологичный мир — все это есть в поэме Сабурова «Рождественские терцины», написанной в середине 1980-х годов. Но у Сабурова — всё же принципиально иная стилистика и эстетика.

> ...И я вошёл в набитый праздником квартал.
> Разносчик нечистот меня окликнул строго:
> откуда и туда ли я попал.
>
> Но я безмолвно пересёк дорогу,
> от пят до головы подвижная мишень
> для всех от моего до твоего порога.

> Тем временем аляповатый день
> по-своему окрасил бок слоновый
> до́ма, и, солнечным плевком отёрши тень
>
> утреннюю, чищенной подковой
> дом засиял, густея у двери
> отёками небесной крови.

У Херсонского персонаж, чьё положение крайне конфликтно, «утоплен», почти растворён в исторической и литературной традиции. Его епископ Гурий имеет минимум три исторических прообраза. Это, прежде всего, его «однофамилец» епископ Сергий (Петров) (1924—1990), занимавший кафедру митрополита Херсонского и Одесского с 1965 до 1990 года. Второй — Леонтий (Гудимов) (1928—1992), сменивший еп. Сергия после его кончины (впрочем, всего на год: в 1991-м он был назначен митрополитом Херсонским и Таврическим). Именно он устроил розыгрыш, пробравшись в собор с непарадного хода и миновав процедуру торжественной встречи, и он же поразил своей осведомлённостью священника, который тайно ходил к гадалке[8]. Третий — Гурий (Егоров) (1891—1965), который в 1930-е годы был заключённым на Беломорканале, а с 1944 года служил в Средней Азии. В 1946—1953 годах он был епископом Ташкентским и Среднеазиатским[9].

Персонаж Херсонского служил в 1940-е годы в вымышленном казахстанском селе Богородицкое. Возможно, его прототип — посёлок Осакаровка Карагандинской области, в храме которого раньше находилась местночтимая икона Казанской Божьей Матери (у Херсонского — Донской)[10]; впрочем, исторический Гурий (Егоров) отношения к Осакаровке не имел. Таким образом, стихотворения цикла «В духе и истине», не будучи документальными, тем не менее разворачиваются на детально проработанном историческом фоне.

Литературный прототекст цикла Херсонского ещё более очевиден — это рассказ А.П. Чехова «Архиерей». Сходство сюжетов — подчёркнутое: пожилой архиерей накануне смерти вспоминает всю свою жизнь, понимает, что она была трудной и не может решить, не напрасно

---

[8] Сообщено Борисом Херсонским.

[9] Благодарю Николая Митрохина за консультацию.

[10] В 1997 году храм сгорел, на его месте был построен новый храм, также освящённый во имя иконы Казанской Божьей Матери.

ли он трудился. У Чехова преосвященный Пётр умирает на Пасху, у Херсонского важнейшие события поэмы происходят во время Страстной Седмицы[11].

Тем заметнее различия. Чеховский архиерей в предсмертном видении наконец испытывает чувство свободы: «...он уже не мог выговорить ни слова, ничего не понимал, и представлялось ему, что он, уже простой, обыкновенный человек, идёт по полю быстро, весело, постукивая палочкой, а над ним широкое небо, залитое солнцем, и он свободен теперь, как птица, может идти, куда угодно!». В изображении внутреннего мира преосвященного Петра Чехов останавливается на этом чувстве освобождения от мучительного ярма обязанностей епископа («Какой я архиерей? <...> Мне бы быть деревенским священником, дьячком... или простым монахом... Меня давит всё это... давит...»). Херсонский же идёт дальше, показывая, какой труд веры — как всегда, неуместный и необходимый — рождается из этого чувства свободы.

...Владыко, белый день на дворе,

а вы не одеты, нехорошо! Служить-то будете — где?
В духе и истине. Где? В духе и истине. И опять повторил:
в духе и истине. Пётр понимает, что быть беде,
даже слышится что-то, как будто бы шелест крыл

ангела смерти. Зовёт на помощь. Укладывают в кровать.
Гурий бледен. Глаза закатились. Рот полуоткрыт.
Ох, как холодно будет зимою в земле дневать-ночевать!
Вызывают скорую. Гурий очнулся и под нос говорит:

В Духе и Истине. В Духе и Истине. В Духе и Истине[12].

---

[11] Ирина Роднянская в своём комментарии напоминает, что евангельские стихи, содержащие формулу «в духе и истине» (см. следующую сноску), по традиции читаются в православной церкви в пятую неделю после Пасхи, называемую «О самаряныне».

[12] Цитата из Евангелия от Иоанна в синодальном переводе: «Женщина говорит Ему: Господи! вижу, что Ты пророк. Отцы наши поклонялись на этой горе, а вы говорите, что место, где должно поклоняться, находится в Иерусалиме. Иисус говорит ей: поверь Мне, что наступает время, когда и не на горе сей, и не в Иерусалиме будете поклоняться Отцу. Вы не знаете, чему кланяетесь, а мы знаем, чему кланяемся, ибо спасение от Иудеев. Но настанет время и настало уже, когда истинные поклонники будут поклоняться Отцу в духе и истине, ибо таких поклонников Отец ищет Себе» (Ин.: 4, 19—23).

Совершенно не случайно в обеих сюжетных линиях этой книги появляется еврейская тема. В позднесоветской церковной среде традиция антисемитизма, идущая с дореволюционного времени, сплелась с почти официальным советским недоверием к «инвалидам пятой группы»[13]. В постсоветской церкви подозрительность к евреям уходит «в тень» неприязни ко всему «западному», то есть культурно чужому и/или модернизированному. Те духовные лица и прихожане, кто сопротивляется этой ксенофобии, сопротивляются и антисемитизму[14]. Поэтому еврейство Натана и Лернера — единственного семинариста, которому доверяет Гурий и которого преследует городское управление КГБ — тоже нарушение правил, ставящее персонажей в позицию гонимых маргиналов.

Вообще оба поэта, Круглов и Херсонский, много писали на еврейские темы: у Круглова есть стихи о Холокосте («Переписчик»), у Херсонского — большая поэма «Семейный архив» — реквием по восточноевропейскому еврейству, чья общая культура и память были уничтожены в результате Второй мировой войны и советских гонений.

Образы Гурия и Натана получены в результате своего рода культурной инверсии: Круглов, осознающий себя как русский, написал о еврее Натане, а Херсонский, много размышлявший — судя по его стихам — о своих еврейских корнях, сделал своим персонажем епископа Гурия — по-видимому, этнически русского. Оба автора принадлежат к русской культуре, и говорить об их этническом самосознании рискованно и чревато выходом за пределы анализа текстов и вторжением в сферу частной жизни. Я позволяю себе прокомментировать произведённый в этой книге «хиазм идентичностей» только потому, что и Круглов, и Херсонский в самих стихотворениях представляют своих героев — и тех, что говорят о себе «я», и тех, о которых пишут в третьем лице и наделяют вымышленными именами и биографиями — как находящихся на границе «христианского» и «еврейского». Иначе говоря, между универсализмом духовной экспансии и универсализмом изгнания.

---

[13] В СССР было три группы инвалидности. «Инвалид пятой группы» — шутливый эвфемизм для обозначения еврея (в пятом пункте советских анкет заполнявший должен был указать «национальность», то есть этническое происхождение).

[14] Подробнее см., например: *Верховский А.* Православные националисты: стратегии действия в Церкви и в политике // Цена ненависти: Национализм в России и противодействие расистским преступлениям / Сост. А. Верховский. М.: Центр «Сова», 2005. С. 175—195.

Комментируя стих Никео-Цареградского Символа Веры «Во едину Святую, Соборную и Апостольскую Церковь», в одной из своих проповедей отец Александр Мень обращает внимание на то, что в церковь необходимо *верить* — несмотря на осязаемость церкви как земной социально-политической организации. Или даже вопреки этой осязаемости. Потому что «...церковь в мире держится вовсе не нами, как мы иногда думаем, не грешными людьми, а Духом Божиим»[15]. И тут же пересказывает, не называя источника и первоначальной религиозной принадлежности персонажа, вторую новеллу первого дня «Декамерона» Боккаччо — о том, как «...еврей Авраам, вследствие увещаний Джианнотто ди Чивиньи, отправляется к римскому двору и, увидя там развращённость служителей церкви, возвращается в Париж, где и становится христианином»[16].

Круглов и Херсонский возобновляют начатый Боккаччо разговор. Неслучайно в начале поэмы Круглова Натана до полусмерти избивают те самые русские мужики, которых потом он должен будет духовно окормлять. Натан приходит к православию не потому, что захотел стать русским, а *вопреки всему земному* — потому, что встретил Бога, Который призвал его. Для описания этой встречи Натан употребляет иудаистический термин «Шехина» (вариант транслитерации — «Шхина»), означающий переживание человеком непосредственного присутствия Бога.

Но разговор, начатый Боккаччо в XIV веке, герои Круглова и Херсонского продолжают *в ситуации после Холокоста*. Особенно важно это для поэмы Круглова о Натане — у Херсонского память о Холокосте отзывается в других стихах, например, в «Семейном архиве». Вопрос, поставленный Кругловым, можно сформулировать так: Авраам крестился и победил бесов, терзающих церковь, а остальные его соплеменники — что, неважны? Они не спасутся? А те, кто сгорели в печах или задохнулись в газовых камерах — как относиться к ним? (Я сознательно сказал «соплеменники», а не «единоверцы», так как советский режим, со всей его интернационалистской риторикой, придерживался расового, биологического определения этничности, как и фашистская Германия, только этничность определял не антропометрически, то есть не через

---

[15] *Мень А.* Беседы на «Символ Веры» // Мень А. Православное богослужение. Таинство, слово и образ. М.: СП «Слово», 1991. С. 117.

[16] Пер. Н. Любимова.

измерение лицевых углов — а генеалогически, то есть изучая анкету за анкетой на предмет «неправильных» дедушек и бабушек.)

Так как отвержение иудейской традиции (при явном или неявном принятии многих её религиозных положений) было одним из конституирующих признаков исторического христианства, вопрос об отношении к жертвам Холокоста оказался для послевоенного христианского богословия сложным, важным и очень болезненным. Точнее, не для всего послевоенного богословия, а для католического и протестантского — в православии об этом почти не говорили.

Наиболее радикально на этот вопрос ответил франко-американский философ и историк культуры Рене Жирар. По его мнению, Евангелие учит понимать мировую историю с точки зрения гонимой жертвы, которая всегда в воображении большинства демонизируется и интерпретируется как Другой — иначе говоря, как «козёл отпущения».

Отец Натан из кругловского цикла не то что мыслит, а каждодневно чувствует «по Жирару». Приходя к еврею-портному в финальном стихотворении цикла, Натан напоминает Парнока из повести О. Мандельштама «Египетская марка», но Парнок — изгой гибнущий, а Натан как раз и спасается тем, что принимает своё изгойство, как нормальное состояние, как «жало в плоть», пользуясь выражением из послания апостола Павла. Противоречие между универсализмом духовной экспансии и универсализмом изгнания, по Круглову — это не разделение между христианством и иудейством: оно определяет самосознание современного христианина.

Такой интерпретации образа Натана противоречат два стихотворения — «Навоз» и «Из письма антисемита в редакцию газеты "Доколе!"». Из-за важности тех вопросов, которые ставит в своём цикле Сергей Круглов, я позволю себе написать и о моих частных несогласиях с этими стихотворениями. Они удивляют меня тем более, что, как мне кажется, не соответствуют и общему замыслу, «магистральному сюжету» цикла.

Герой стихотворения «Навоз» утверждает, что гонения на евреев, повлёкшие их расселение по миру, являются частью домостроительства Божьего, а не проявлением сознательной человеческой злой воли. Это утверждение в стихотворении никак не «уравновешено» авторской иронией по отношению к персонажу (напротив, оно выглядит своего рода невольным прозрением), и получается, что подобный исторический оптимизм как раз и вытесняет ту «оптику жертвы», которая пронизывает большинство других стихотворений цикла.

Во втором стихотворении изображён антисемит, который буквально зациклен на чтении иудейской литературы: он перечисляет в своём «письме» трактаты, входящие в состав Мишны — наиболее исторически ранней части Талмуда, излагающей религиозные предписания ортодоксального иудаизма. Выискивание в Мишне готовых духовных рецептов для этого, как-бы-православного, персонажа, важнее, чем чтение Евангелия, в котором приведены слова Спасителя о тех, кто «оцеживает комара, а верблюда проглатывает» (Мф.: 23, 24), то есть уделяет внимание второстепенному, а не главному. Узнаёт же герой об отличии комара от верблюда... из журнала «Юный натуралист». Конечно, естественные науки, бывает, могут больше сказать о мире — даже о его смысле, — чем тома религиозной премудрости. Но из стихотворения неявно следует, что «Юный натуралист» вообще лучше иудейской теологии. С этим трудно согласиться — но такому априорному отвержению Другого, к счастью, противоречат и другие стихотворения цикла о Натане.

* * *

В обоих входящих в эту книгу частях — о Натане и о Гурии — двум видам универсализма — духовной экспансии и изгнания — равно противостоит советский мир с его пафосом провинциальной исключительности.

Действие цикла Херсонского происходит при советской власти, а стихотворений Круглова — после её краха, но извращённые советские нормы, слияние церкви с КГБ, атмосфера страха и подозрительности в равной степени определяют «фон» жизненных переживаний обоих героев. Но всё же исследование духовно запутанного и, увы, доныне соблазнительного советского опыта особенно важно именно для Херсонского. В цикле про Гурия он создаёт образ православного мудреца-парадоксалиста, подобного наиболее духовно зрячим персонажам «Мелочей архиерейской жизни» (и, замечу, проницательным раввинам из стихотворных притч, включённых в «Семейный архив»).

Гурий прожил почти всю жизнь при власти большевиков — революцию он видел ребёнком. В своём осмыслении позднесоветской жизни он опирается не на дореволюционную классику (хотя том Достоевского лежит у умирающего митрополита на прикроватной тумбочке) и не на внеисторически, начётнически понятое Священное

Писание, но, прежде всего — на результаты повседневных размышлений о других людях. Этим размышления Гурия сродни оценкам психолога или психиатра и во многом напоминают те мнения и оценки, которые — «авторским» или персонажным голосом — даются героем других стихотворений Херсонского, написанных в разные годы. «Его поэзия всемирна — в том смысле, что... интонация сдержанного плача относится к каждому из нас, — писала о Херсонском поэтесса Наталья Хаткина. — Но она не надмирна — а именно что "вмирна". [Она — о] жизни на миру — убогой, жалкой, достойной сочувствия»[17].

Первые стихотворения из цикла Круглова о Натане были основаны на важном конструктивном принципе — в финале каждого из них главный герой вдруг постигает что-то принципиально важное (этот принцип начал меняться в стихотворении «Натан участвует во встрече архиерея», когда «важным» становится не законченная формулировка, а ощущение чуда, которое приносит летящая ласточка). Гурий же к моменту, когда начинается действие цикла, *уже* пришёл к состоянию умудрённого понимания. Словно бы применяя на практике принцип Надежды Мандельштам — «Никогда не осуждайте людей. Особенно советских» — он одновременно стремится ещё и понять своих собеседников, и решить череду административных и дипломатических проблем (этим он тоже заметно отличается от преосвященного Петра из чеховского рассказа). Его «странствования по советским душам»[18] имеют практическую задачу: сохранить верность Богу и переживанию непосредственной встречи с Ним среди бесконечного морока заживо разлагающегося тоталитарного общества.

О том, что подобные Гурию архиереи существовали, можно судить по мемуарной литературе, хотя в «портрете», нарисованном Херсонским, ощутимы идеализация и литературная стилизация — с оглядкой на Лескова и Чехова. Тем не менее, мне кажется, что циклом «В духе и истине» Херсонский даёт свой вариант ответа на мучительный вопрос, который неоднократно ставился в публицистических дискуссиях 1990-х (хотя начал проступать ещё в ранние 1970-е на страницах «Вестника РСХД»): остаются ли от позднесоветской церковной жизни хоть какие-то достойные продолжения традиции? Среди того, что, может быть, остаётся

---

[17] Журнал «Воздух». 2006. № 4.

[18] Аллюзия на «жанровый подзаголовок» книги Льва Шестова «На весах Иова» — «Странствования по душам».

— описанный Херсонским опыт «верности первой любви» и повседневного «микрометрического» выбора между добром и злом. Душевный труд его героя и тех исторических личностей, которых можно было бы уподобить ему по терпимости и высоте духа — например, епископа Михаила (Мудьюгина) — сохраняет смысл именно постольку, поскольку он воссоздан в стихах — пусть носителей такого опыта и остаётся всё меньше.

Сегодня в русской культуре для артикуляции «слепых пятен» религиозного и исторического сознания, по-видимому, наиболее адекватным языком является именно стихотворный. Не проза (даже такая авангардная, как в «Мелочах архиерейской жизни» Лескова) и не публицистика. Я уже писал о том, что по сложному стечению обстоятельств современная русская поэзия оказалась более, чем проза, готова к анализу индивидуального сознания и его зависимости от травм и надломов российского XX века[19]. Поэзия — это форма не-бытовой, не-повседневной речи, которая в то же время может быть предельно «вмирной» (воспользуюсь неологизмом Н. Хаткиной). Тем более она уместна в историях о Гурии и Натане. Херсонский и Круглов пишут о богословских, церковных и «общечеловеческих» проблемах, которые невозможно разрешить окончательно, в виде единожды найденного ответа. И высказывания, и поступки героев этой книги всякий раз совершаются в ответ на определённую житейскую ситуацию, они не порождают никакой готовой идеологии или философии. Сами же вопросы о христианстве после Холокоста, о том, что значит быть православным в советской и постсоветской ситуации, настолько болезненны — для тех, для кого такого рода проблематика вообще значима — что саму эту болезненность и приращённость к сердцу иначе, как стихами, вероятно, и не выскажешь.

Поэтому очень характерно, что Херсонский и Круглов решили сделать своих героев ещё и поэтами. Стихи персонажей не подражают стилистике их авторов[20] — впрочем, «стихи владыки Гурия», написанные Кругловым, отсылают своей просодией к русской поэзии «серебряного

---

[19] Кукулин И. Обмен ролями // Сайт «Openspace.ru». 2009. 27 апреля (http://www.openspace.ru/literature/projects/9533/details/9536/).

[20] Если не считать украинско-польского слова «гицель» (живодёр), «подаренного» Кругловым служащему в Украине Гурию.

века» (Вячеслав Иванов, сборник Андрея Белого «Пепел»[21]), которую человек с биографией Гурия, вероятно, мог читать в молодости. Но «стихи Натана» написаны в узнаваемой стилистике Херсонского. Тем не менее проблематику каждого из персонажей соавторы выражают точно и нюансировано. Стихи Натана, созданные Херсонским — это стихи человека растерянного, даже внутренне надломленного, который, однако, продолжает верить, несмотря ни на что. Сочинения митрополита Гурия — о том, что наиболее достоверное духовное знание приходит в повседневных иерейских хлопотах — и о том, как всё же заедает героя повседневная рутина. (Думаю, впрочем, что никакой митрополит в СССР не взял бы на себя смелости в конце 1970-х годов назвать своего кота Сусловым, как это сделал Гурий «благодаря» Круглову — немедленно бы получил выговор от уполномоченного Совета по делам религий или от местного «куратора» из КГБ.)

И Гурий, и Натан постоянно демонстрируют желание и способность понимать Другого. Конечно, эти черты — важнейшая часть поэтики (и этики!) их авторов. В тот момент, когда оба цикла оказались объединены в рамках единого замысла, поэмы вступили в диалог и взаимодействие.

Диалог положен в основу организации книги и формирует сознание обоих её персонажей. Эта книга показывает: только живя на границе между привычным и чужим, православный — как, вероятно, и представитель других религий — может вносить смысл в этот мир. Такое высказывание, как и во времена Лескова, в русской литературе оказывается одновременно религиозной и эстетической новацией.

---

[21] Стихотворение «Под бурю, клонящу основы...» отсылает даже к ритмическим экспериментам «Пепла» (ср., например, «Отчаяние», посвящённое З.Н. Гиппиус — Круглов с немалой долей иронии преодолевает радикальный пессимизм этого стихотворения в своём «ремейке»).

СЕРГЕЙ КРУГЛОВ • НАТАН

Отдельные стихотворения из цикла «Натан» публиковались в сборниках Сергея Круглова «Зеркальце» (М.: АРГО-РИСК; Книжное обозрение, 2007) и «Переписчик» (М.: Новое литературное обозрение, 2008).

Натан едет в поезде

Как покинутый оккупант Натан в этой стране!

Тадам-тадам — стук колёс короток, ночь длинна.
Сквозь родину как сквозь песню — километры, поля, поля,
Воронья сажа, дымы, щетина рощ,
Надрыв географии — ветер.
Чернота отдаёт сиротством и лизолом.
Плацкартная полка коротка — не вытянешь ноги,
Досуг тягуч, давящ —
«Боже мой, что сотворю!» — и Натан
Выходит с мужиками в тамбур.

Вся жизнь этой страны — в поездах, а душа жизни —
В тамбурах поездов, в страстных,
Необязательных разговорах,
В слепых огнях папиросы.
Натан пил вместе с ними,
Тошную водку продавливал в желудок,
Запевал, плакал, неверными руками братался,
Открыл книгу Ктувим: Эйха — зачитывал
Этим людям, о чем плакал Йермиягу —
Об одиноко сидящем городе, некогда многолюдном —
И плакали все.
«Где ваша вера? — ликовал Натан, кашлял,
И слоистый дым, вязок, качался — тадам! — на стыках, —
Ваша вера — рабство, грязь — ваше счастье!
Свиное своё сало зовёте вы смиреньем,
Покаяньем — вот эту вашу хвастливую водку,
О вы, необрезанные сердцем!»

Слушали, ухмыляясь. Потом — били,
Весело, подвесили с гаком: «Ах ты!..
Нна, нна!» Тадам, тадам.
Натан повёл шеей, разлепил веки. Уставил руки
В пол, подтянул тело, оскальзываясь на мокром
(Слюна, зараза, густа, прилипла,
На губе висит — тадам! — качаясь),

Слушая боли волны тупые, замер.
«Эй, Боже, не спи! Твоя Шехина во мне страдает!»

И Шехина в ночи к Натану сходит,
В тамбур войдя, верного утешает,
Отирает слизь, кровь прохладным покрывалом.
«Боже мой, дай же мне сил, ярости, жизни!
Я не могу жить среди них, Боже,
А они не хотят умереть со мною,
Огонь и серу на них, огонь и серу! Не медли!»

Шехина не отвечает,
Вздыхает тихо, поворачиваясь, уходит.
«Эй, куда?! — страшное подозренье!
Неженск профиль сутулый, в руках дыры, —
Кто ты?! А ну, стоять! Стоять, сказал! Руки,
Руки! Повернись, открой покрывало!
А ну скажи "шибболет"!»
Уходит, тает. «Не может быть! — неподвижно
Замерев на коленях, Натан смотрит, — Быть
Не может...» — смотрит в место отсутствия ушедшего, уже пустое,
Но полное света.

Натан на автобусной остановке

Флаги, динамики, ветер. Праздничный первомат.
На бетонных стенах, заборах за ночь выросли
Рваные раны листовок, чёрные, синие
Руны, крест катится колесом. Топором
В город входит колонна; бритые утробы,
Ожерелья из свинцовых еврейских зубов.
Битое стекло; сипение; пиво.
Призраки ППС вдоль проезжих частей
Не растаяли с рассветом, не обратились
В клочья тумана — они наблюдают,
Делают ставки; потрескивают рации. Какой
День белокурый.
Идут, похожи, как братья и сёстры.
Чёрная сотница: чётки — велосипедные цепи.
Мотаются на ветру хоругви, как пленные птицы.
Рвутся в небо.
Впереди колонны — икона, связанный Спас.
Подталкивают в спину ножами:
«Иди, жид, ищи».
Я вжался в металл автобусной остановки
И смотрел, смотрел, не шевелясь.
«Плачьте о своих детях, жены Иерусалима».
Не смотри на меня, Господи: я опоздал.
Я ночью обегал полгорода, а Ты — ну, конечно! —
Уже здесь; где же ещё Тебе быть.
Качается голова на чрепии: удар
Справа, слева. Я не успел. Я
Никогда не успеваю.

Натан принимает сан

Резиновым спиртом техническим небо
До скрипа вымыто.
На серых досках лиц как ногти — глаза.
Полынь и крапива. Сип: «Жид!..»
Помои — с крылец: нищий приход,
В воскресную школу не ходят, скособочен храм.

Рукоположен и сослан!

Жара зияет; вечный
Иван Купала здесь — ворота припёрли
И скалятся, бесенята! Богоносец
Ласковым матом коровёнку нудит — утром
Прибудут сбиратели костей, скупщики шкур,
Следами глин, перелесков рыща, сельцо отыщут.
Чем, зачем жив, пейзанин!..
Дом, брёвна. Золотой досуг потерян.
Ватными, волглыми пеленами в ночи укутан,
Язвят комары, каменно ложе целибата
(Жена давно в Хайфе), в кассе голо,
Свечной слежавшийся воск трачен мышами,
Обручальное кольцо и две золотые коронки
Перепроданы — деньги ушли в счёт налогов
На содержанье епархии, и неотвратимо
Ежевечерне тащится к пряслу единственный захожанин,
Сосед-совопросник, кашляет дымно, ехидно:
«Отец Натан, вот ты мне скажи-ка!..» —
И никто, никто не попросит:
«Батюшка Натан, помолись».

Проснулся среди ночи: ох! Не сан был — сон
(Как зашлось сердце!).
Натан переворачивается набок, лицом попадает
В тёплое гниловатое дыханье жены нутряное,
Ночь шуршит, заоконные фары
Сдвигают в спальне предметы, тени, —
Скукоживается, плачет: зачем, зачем крестился!

Вот теперь не боец двух станов, оттуда и отсюда подстрелят!
Помоги, спаси — я мал, узок,
Я бедный оле, а эта страна Богоносна,
Но если б я знал заранее, какой Ты,
Нести Тебя, тяжёлый!..

Всхлипывает ещё раз (слёзы
Натекли под щеку, впитались в перо подушки) —
Ну, что же, остаётся
Быть стойким. Не зря они говорят про нас: у них стойкость —
Замена святости.

Натан и я пьём вечером чай на террасе

Отец Натан молвил; глубоко, грудью
(Даже вздрогнул и заклубился
Чай в оцепеневших давно стаканах, и мерцающие
Комары смолкли):
«Да, они — добрые христиане! Но сильна отрава:
Выбирая в святцах имена своим деткам,
Так и не назовут никого из них, скажем, Давидом!
Скорей уж назовут Аполлосом. Или
Снандулией. Что же,
Всё равно я буду о них молиться».
«Свиное ухо».
Прянув гневно: «Что?
На кого это ты?! Повтори вслух!»
Лапками я засучил: «Да нет, что ты;
Это я на себя, на себя!..»
Плетёный стул скрипнул; тиха терраса;
Мы не произнесли ни слова.
Глупый диалог помыслов, как комара, отгоняю взмахом
И любуюсь сбоку:
Всё-таки как огненно прекрасен
В медовом русском закате
Православный еврей-священник!

Ещё один сон Натана

Злые пустыни — огромные города.
Добрые пустыни — крыши этих городов,
Где молитва и ветер.
Батюшке снится сон:
Под звёздами на крыше молебен он служит,
А серафимы ало пылают,
И радостно подпевают херувимы,
И весёлыми ногами притопывают престолы,
И двигают танец
Мускулистые силы, и златые помавают господства,
Архистратиги стратилаты архангелов созывают
Трубой, и тимпаном, и гуслей
Построиться в лики —
«Грозна ты, как полк со знамёнами!» —
И ангелы-почтальоны летают,
Бандероли с подарками разносят,
И Сам Господь Сил,
С трона наклонившись, смеётся:
«Эй, налейте нам кубки,
Да набейте нам трубки!» —
Час веселия и на Голгофе,
Там, где кровь, расцветают розы,
А сериозные бесы
Прячутся, негодуют: растопались, как слоны!..
Позор, бесчестие!.. Визжат по мобильным телефонам,
Требуют санкций начальства,
Но молчат телефоны: тот, кто убийственно сериозен,
Сам молчит, раздавлен и связан
На тысячу лет, пока идёт веселье!..
И сирень взламывает бетон, стремясь к звёздам.

Впрочем,
В золотом и синем сне батюшки есть что-то
Шагаловское. Известно, что сие —
Не вполне ортодоксально,
И батюшка во сне, переворачиваясь, вздыхает.
Батюшка благоутробен. Его харизма

Выпукла, охряна, лимонна,
Как свежепечёный хлеб.
У него — восемнадцать деток.
Многие в бесчеловечном городе
Втайне батюшку любят,
Но только продавцы винных отделов
Знают всю правду о нём (но только —
Правду! Истины
О нем не знает никто, кроме Истины).

**Натан христосуется в день
Светлого Христова Воскресения**

> ...А за спиной у еврея —
> пустыня,
> пустыня,
> всегда только пустыня,
>
> и след на песке пустыни,
> заносимый ветром.
>
> *Илья Кукулин*

На реках Енисейских
Тамо седохом мы с тобою, и плакахом,
И смеяхомся, и пояхом:
«Не для меня придёт весна,
Не для меня Дон разольётся!..»

И ещё наливали, и пели:
«Как на грозный Терек», и про Волгу, Волгу,
И про канал Грибоедова.

И в самом деле: не все ли реки — река?

Такая весна, и берег, и ветер, и берёзы, и травы!..
И разведчики наши, пошатываясь хмельно,
Весело гнутся, видишь,
Под тяжестью грозда смолистого кедрового винограда,
Невлажными весёлыми стопами бредут по воде — течение
На шивере немного сносит их влево —
И тоже поют
Песни Сионские, а народ упоённо зажигает на арфах!

И как не петь вас, песни, в земле чуждей, родной до крови,
Ведь эта весна, эта поющая Пасха —
И есть ты, Сион, золотой и ясный,
Наконец-то пришедший к нам в силе и славе!
Так за тебя — и чтоб ты был мне здоров! Держи яичко —
Ну-ка, ударим? Христос воскресе!

**Натан оборачивается к прихожанам,
чтобы их благословить**

Они стоят монолитными рядами.
Свинцовое смирение в их глазах.
На Литургии их — триста, но
Только двое достойных подходят к Чаше,
Остальные — молчат каждый о своём.
«Христианство должно быть духовно!» — говорят они,
Когда им предлагают накормить вдову и сироту.
Но коллекции плесневелых просфор у них в красных углах,
Они ненавидят чужих,
На их площадях —
Мокошь и Род во весь рост,
Навь у них — во всю ночь, они мажут
Деревянные губы салом, к подножиям льют обрат.
На досуге, перед сном,
Солдатиков из картона вырезают они,
Расставляют полки на серых простынях,
Ведут войны, течёт бумажная кровь.
Армии двух цветов:
Чёрные — это евреи, народ священства,
Красные — это наши, народ попов.

**Из наблюдений Натана
над прихожанами-антисемитами**

Гитара

На жолтой стоваттовой ночной кухне
Два антисемита
Пили водку, закусывали понюхом,
Заливаясь слезами, хрипло
Подпевали магнитофону,
Полночным трепетным бардам
С грустными, умными, насмешливыми, беспокойными
Оленьими в пол-лица тёмными очами.

Дзенньь тихо по струнам резануло —
И на клочья распалось сердце;
А живой голос
Дохнул на клочья — и снова
Срослось сердце, и горит, и плачет!

Два антисемита слушали эти песни,
До дна рыдали, горько клялись, братались,
Божились; на одном сошлись: у нас в России
Каждый
Еврей — прирождённый русский.

Навоз

Говорит Б-г: чадо!..
...Так: во-первых,
Верни-ка на место букву.
Вернул? То-то.

Итак:

Говорит Бог: чадо!
Ты — народ Мой любимый,
Ты — навеки Израиль,
Гонимый, но не выгнанный,
Преследуемый, но неисследимый,
Ты, чадо, еси — живот Моего мира!
Ты — удобренье мира, его питатель,
Его политики, поэзии и торговли,
Ты — навоз, разбросанный семо и овамо!

Се, чаю всходов!

А этот,
Разбрасывающий гуано, с вилами
В крепкой руке, — брат твой младший,
Мой помощник незаменимый,
Антисемит.

Сколько!..

В Музее религиозного искусства
Двое:
Антисемит-деда и антисемит-внучек,
Пьету созерцают.

Видишь, говорит деда,
Как зверски Христа распяли!
Видишь: дырка в правой,
Дырка и в левой ладошке!..

А кто, спрашивает внучек,
Конкретно эти дырки проделал?

Ну… говорит деда
(Свинцовые устои ему повелевают,
Но мягкая старческая болючая совесть зазрит,
Не велит врать ребёнку), —
Ну, вот эту дырку —
Сделали злохищные иудеи.

А вторую, спросил внучек?

Ну… вторую…
Вторую, — сделали другие народы.

А вот эти, в ногах, — кто?
Третьи и четвёртые народы? Да, деда?
А вот эти дырки —
Следы от без одного сорока ударений,
А на лбу — иголочные дырки,
Несть числа, полные вязкой крови?..

Кто это Его, деда?

Деда молчит, поражён: и впрямь, сколько
Богоизбранных народов на свете! Старый
Антисемит никогда толком

Не разбирался в географии.
Широк Божий мир!

Век живи — век учись.

*Из письма антисемита
в редакцию газеты «Доколе!»*

Дорогая редакция! Ваш постоянный читатель,
Радостью своей спешу с вами поделиться.

Сколько бы я ни читал изданий —
Книгу Зраим читал я,
И Книгу Моэд тоже читал я,
Книгу Нашим всю прочёл я,
И Книги Авода Зара оглавление видел,
И Пиркей Авот, Кодашим, Тохорот — вся сия превзошёл я,
Но одно только из сих усвоил:
Как правильно отцедить комара от верблюда.

И даже Книга Тимеситна, опубликованная вами
В последних ста сорока четырёх нумерах газеты,
Мало что для меня прояснила.

И только
В журнале «Юный натуралист» наконец я узрел, чем отличаются
Верблюд и комар.

Натан идёт на прогулку

Который год в Крещение оттепель! Право, мнится:
Последние времена грядут!.. Впрочем,
В этакую пору — с крыш каплет —
Самое время прогуляться.
Отец Натан, выйдя из переполненного храма,
(Дышат в затылки, стук банок, хруст пластиковых бутылок),
Движется окраинным переулком.
Навоз, вмёрзший в колеи, курится, шалое солнце, ветер,
Иордань перистого неба,
Птичьи буриме, полы рясы волглы —
Идёт, держась, как в бомбёжку,
Подветренной стороны; и недаром:
Навстречу, другой стороной переулка,
Прогуливается общественный Натанов недруг,
Вышагивает, век бы его не видеть,
Редактор ультраправой газетки «Доколе!»,
Председатель городской ячейки Национал-Единого фронта,
Пропагандист «Русских вед» и праарийства,
Лев Моисеевич Голосовкер
(Урождённый, как гласит предвыборный ролик,
Полушвед в одиннадцатом колене).
«О Господи! Сейчас начнётся: "Чесноком запахло!
А, презренный выкрест, пятая колонна,
Семитский волк в овечьей рясе!
Ну, как вам, ваше преподобие, айводо зоро —
Чужое служение? Много ли воды насвятили
На продажу суеверным старухам?
То-то будут рады
Ваши братья по ложе! Ликуй, мировая закулиса!
Растлили страну, развратили белую Гардарику,
Продали Курилы японским евреям!.."» — отец Натан
Убыстряет шаг, — «Ну, вот, остановился!..
Содрать бы с тебя, Голосовкер, казачью папаху,
Обнажить бы твою пархатую полушведскую черепушку,
Сокрушить бы
Двух-трёх гнездящихся тамо змиев!
А лучше — содрать бы галифе, да розгу!..» Голосовкер,

Помедлив, молча проходит мимо.
Отец Натан устыдился было вслед: надо же, осудил с ходу! —
Но при слове «розга» вспомнил берёзу; да,
Берёза. Вот ради чего он ушёл, не дождавшись
Конца молебна. Вздыхая,
Отец Натан вытирает пот под ондатровой камилавкой,
Вытирает пот. За другим поворотом
Скрывается змеиный Голосовкер.

Солнце млеет, пьян и по-весеннему ласков
Сиреневый, белозубый,
Сорвавшийся в самоволку ветер,
И так пряно кривы переулки в городке в полдень,
Что оба, шедшие вроде бы в лоб друг другу,
Вдруг встретились — там, куда пробирался каждый:
На кладбище, у старой, угольно-розовой берёзы.
Потоптались, друг друга как бы не замечая,
И — куда деваться? — пристроились у корней, на скамейке,
Под вечнорусской берёзой.
Утихли оба. Голосовкер курит,
Отец Натан молится без слов, крошит синицам печенье.
И все пустоты нашего ада, мнимости нашего рая,
Пристрастия, беспристрастности, прошлое, будущее, —
Да есть ли они в этом настоящем,
В этом сияющем полдне,
Когда январь вырядился весною,
Когда у Бога на небе праздник, а у зимы — отпуск,
Когда есть родина, кладбище, снег, берёза!
Отец Натан любит это место
За его вечность. Лев Голосовкер
Тоже любит втайне — просто потому, что любит.

Натан участвует во встрече архиерея

Кипы свеч не греют, горят грузно.
Ожидание неимоверно. Храм цепенеет.
Дверь в притвор распахнута настежь,
Тянет сырым предзимьем. Зябко
Утянув кулаки в рукава ряски,
Натан невидяще глядит под купол,
В уме продолжает
Письмо шурину, и ласточка мысли,
Пробив плотный,
С нарисованным пристальным Тетраграмматоном,
Купол, попадает
Сразу туда, в жару и лазурь Галилеи:

«Не хвали мне свой кибуц, Лёва!
Знаешь, деревенский мальчик,
Попроси его нарисовать марсианина, нарисует
Всё ту же корову, только что воображенья
Хватит раскрасить её в зелёный.
Так и ты, мой милый:
Лагерь, лагерь, как есть лагерь!
Так ты в него врос, уж прости, Лёва,
В червонец свой знаменитый неразменный,
В лабиринт памяти твоей окаянной,
Что и там, в Галилее, как в Караганде всё устроил.
Ради Христа (ох, прости), ради всего святого,
Пожалей хоть мальчиков и Фаю!.. Ладно, ладно, не буду.
Но меня не проси, я не приеду:
Я не любитель трудиться строем,
С меня хватило лагерей пионерских.
Поверь, дедовщины мне и здесь хватает,
Чтоб я ещё ехал к вам иметь это счастье.
Какие вы там всё же до сих пор советские, Лёва!
Не зря вас Бегин терпеть не мог в своё время.
Знаешь, сейчас я...»

Гулкий колокол задрожал, расплылся.
Ещё, и ещё. И вслед, не дождавшись

Сорокового удара, мелкие торопливо,
Взахлёб грянули, пошли вприсядку: едет,
Едет! Зашевелились
Казачьи цепи, из чёрного джипа неуклюже
Заспанный выбрался мэр, за ним — его секретарша,
Староста поудобнее перехватила
Поднос с рушником-хлебом-солью
Посиневшими на холоде дланьми,
Настоятель вытер пот под камилавкой,
В последний раз, тоскливо и мутно,
Оглянулся на сонм духовенства,
Выстроенного по ранжиру вдоль ковровой дорожки,
И выступил вперёд, держа перед собою
Крест, как держат
Старейшины, изнемогшие от горя,
Ключ от города, победителю подносимый.
Едет, едет! Натан торопливо
Ухватился за золотую нить, устремлённую в купол,
И втянул ласточку обратно.

Натана толкнули слева, справа,
Строй златёных, маститых протоиереев
Качнулся, сломался; зашипел басом
Кирпичнорумяный, пеньковые локоны в скобку,
Секретарь епархии, председатель
Местного отделения могущественного
«Союза хоругвеносцев»,
Повёл очами, ткнул великоросским перстом в Натана:
«Э, кто там... э, ты, отец!
Быстро в алтарь, принеси митру!
Да не туда, блин! Ты что, тупой?!
Куда, куда по орлецам!
Быстро, отец, вон там обойди!» Натан,
Наступая на полы рясы, бежит в алтарь
(Ступени вдруг выросли в человеческий рост,
Сердце остановилось в низу живота) — храм,
Понимающе осклабясь, глядит
Ему в спину, один взгляд на всех,
Братья и сёстры, овцы и волки, весь приход,

Все наши (кто не был — тот будет,
Кто был — не забудет), весь этот
Новый Израиль, народ книги —
Платонова, Нилуса, «Розысканий» Даля
И тысячестраничных Марковых глав...

Шпицрутены взглядов, плотный строй вдоль ковровой дорожки —
Лагерь, лагерь, бедная моя память,
Чахлые сосны, ржавая колючка поверх забора,
Пионерское лето, подряд два сезона этой муки,
Играют в «стенку», спинами плотно вдоль коридора —
Ждут. И вот входит тот, кого ждали,
Тощий, большеухий, в тесной синей пилотке,
Узлом завязана потерявшая эластичность резинка
В вечно сползающих с мосластых ног шортах —
Со слюной восторженный шёпот: «Гля, ребя, идёт!..
Мать сказала, что он — жидёнок».
«Кто?» — «Ты чё, дурак? Они Бога распяли,
А потом Гагарина в космосе отравили...» —
Дружно, взахлёб смеются —
Босоногое, заливистое детство! —
Толкают от стены к стене, и девчонки тоже,
Пропинывают, как тряпичный мяч, вперёд по коридору,
И так, стоит прийти в столовую, раз за разом,
И только не смотри вниз, не опускай взгляда,
Не дай вытечь, не урони, пронеси насквозь,
Не показывай им! Только
Доберись, долети толчками (кто сосчитает,
Сколько раз ты споткнёшься
На этой виа долороза, на щелястых крашеных досках,
В солнечных жарких сосновых пятнах лета,
В этом коридоре до сих пор не кончающегося детства!..)

В алтарь — ступенька, две, три — из алтаря, скорее,
Скорее, скорее! Он уже близко.
Колокола взрявкнули и застыли.
Казаки цепи сцепили крепче.
От лимузина отделилась фиолетовая гора,
Двинулась, тенью хлеб-соль накрыла, задела крест.

Надвигается, грядёт.
Паникадила замигали в неполный накал.
Прихожанки платками устлали путь.
Губы женщин поджаты, утробы ниц.
Под благословение клонятся как ковыль.
Как по жухлым листьям свинцовый мороз,
Владыка вступает в храм по платкам.
Жезл белое с хрустом вминает в пол.
Исполатчики втянули воздух начать.
Кадила армейской отмашкой рубят влязг.

Бегом, бегом (ох, вроде бы, успел)!..
Скорей, скорей, подходят к руке,
Скорей (только в глаза не гляди, неписаный блюди устав,
Долу, долу лицо, не поднимай)! Рука,
Тяжкая, однозначная, пористая, как имперский туф,
Белёсая, как белужий жир,
Воздвигается, заслоняет мир
(А сердце: бух, бух. Бух... бух.
Бух (умер?)... Бух... умер! Ох,
Бух! Бух.
Умер. Бух умер... ох! Что
Только в голову лезет; не стоило,
К встрече архиерея готовясь,
На ночь перечитывать «Заратустру»!)

И тут
Ласточка, о которой забыли все,
Отчаянно цвиркнула, рванулась — лопнула
Тонкая золотая нить —
И устремилась насквозь, прочь,
В солнце, в ласковое и повелительное
Небо, туда,
Где лилии полевые, где летучие возлюбленные сёстры, где
Наша первая любовь жива,
И храм затих, и сотни пар глаз
Ошеломлённо уставились в её полёт,
Задрал голову хор — макияж, платки,
Звякнул об пол оброненный камертон,

И конопатый иподиакон, блюститель владычня жезла,
И грозный епархиальный секретарь,
И все прихожане, стар и млад, все —
Уставшие, любопытные, склочные, нераскаянные, свои,
И сам владыка, архиерей-гора,
Одинокий, как кит, переживший свой век старик,
Так глядел, что тяжёлая латунь глаз
Вдруг отлила бирюзой,
И в нелепой ряске, потный, испода бледней,
Кадыкастый батюшка Натан,
И храм глядел барочными провалами бойниц —
Туда, в Галилею! — и там
Беззаконную, вольную ласточку заметил кипучий Лев —
Вверх летит, вверх! —
И сердце его ринулось
Сквозь солёную ткань хаки, сквозь
Расплывшиеся наколки на узком коричневом киле груди,
И Лев трактор остановил, спрыгнул,
Побежал, теряя сандалии, через пахоту,
Через поле — шляпа, выдубленная зноем добела,
Старая, пережившая все три алии,
Чудом держалась на морщинистых ушах,
На пучках жёстких седых волос —
Молодого напарника, сына, с книгой прикорнувшего в тени,
Толкнул в бок: гляди! Молодой
Заложил томик Дойчера пальцем, лоб
Козырьком ладони увенчал,
И оба молчали, и тоже долго глядели вслед
Ласточке, стремглав вторгающейся в свет, но
Не растворяющейся в нем.

Натан встретился с другом-атеистом

Говорил, глядя в стену, нервно
Окурком тыча
В жестяную крышку-юбочку от пива:
«Нет, но ты-то! Ведь ты всегда был
Вменяемым человеком!
Это больно видеть, поверь мне:
Двуглавый стервятник на глазах наглеет,
Святой водой залили офисы и бордели,
Далай-лама лыбится и называет себя христианином,
За убийство раввина дают столько,
Сколько за мента, убитого при исполненьи,
Игумены ваших монастырей не могут
Разместить своё благоутробие и на трёх джипах,
Пятидесятники буйствуют хлеще наркоманов,
Стригут овец, ни за что не желающих отвечать, ненавидящих думать,
Психопаты жгут паспорта, лезут под землю,
Наладили конвейер торговли мощами
Святых, шестиглавых, судя по всему, и пятнадцатируких,
Страна спивается, дети умирают
От жестоких взрослых болезней,
Комитет Глубинного Бурения полон энергичных планов,
Пенсионеров грабят, бывшие комсомольцы пьяны
Вседозволенностью и безответностью быдла,
На почте вместо открыток сплошь иконки,
Хоругвеносцы громят выставки и кинотеатры,
Да что говорить — что ты, сам не видишь?
Я — последний атеист в этой стране, который
Не боится вслух признаться в своём атеизме!
Ну, что ты молчишь?! Ну, ответь мне!
Ну, расскажи что-нибудь про Бога, чего бы
Я не слышал двух тысяч раз!
Ну, давай, апологетизируй! Что это за Бог, который вечно
Нуждается в вашей иезуитской защите!
Ну, давай, расскажи мне про свободу
Во Христе, про безбоганедопорога, про слезинку ребёнка,
Про смиренье и послушанье!»

Натан улыбается, ласково
Кладёт свою ладонь на узловатые, прокуренные пальцы:
«Ну, ладно, уже светает!
Спать пора; пойдём, что ли?
Я отвечу, отвечу. Знаешь,
Скоро, совсем скоро настанет время,
Когда христиан начнут убивать снова.
Тогда и договорим».
Окно посиреневело. Город
Открывал, один за другим, жёлтые,
Заспанные глаза, прочищал горло
Пеньем лифтов, автомобильных сигнализаций, вставал
На утреннее правило. Скоро солнце.

Натан и выборы правителя

Выборы скоро.
В последние три дня февраля
Православные, предав строгому посту
Сами себя, домашний скот, автомобили
И всю свою бытовую технику,
Становятся на соборную молитву
О даровании России православного царя.

В те же самые дни
Монахи в бурятских дацанах
Тоже становятся на молитву
О даровании России царя буддийского.

Скорбные адвентисты
Тоже собираются в эти дни в дома молитвы,
Поют там задушевные песни
На мелодии Яна Френкеля и Юрия Антонова
О даровании царя хоть какого, лишь бы
Перенёс выходные с воскресенья на субботу.

Не бездействуют и мусульмане —
Возносят усердные молитвы
Справедливому, Всесправедливому,
О даровании царя обрезанного, трезвого,
Чтоб не любил солёного с чесноком сала, и первым делом
Объявил во всероссийский розыск
Писательницу Елену Чудинову.

Четыре наличествующих в России
Правоверных иудея
Тоже идут в синагогу.
Чего просить — они уже толком и не знают.
Но на всякий случай
Встают на молитву и они.

Дымы молитв
Там и сям в эти дни над Россией!

Ползут, свиваясь в чёрную грозовую тучу,
Молниями прорастают, гремят, воют грозно,
Сталкиваются мощно —
И о, какая разражается над страною
Битва молитв! Как клубится,
Не хуже блистающих сочных битв Учелло!
Нет, горько вздыхает Господь, аналогия с картиной негожа —
Это ведь реальные люди,
Вон они вовсе неживописно грызутся,
Отталкивают друг друга, стремясь влезть ко Мне повыше,
Булькают головы, руки
В котле этой вечнокипящей страны!
Что, если удовлетворить их просьбы,
Дать им царя, одного на всех, чтобы
Так и этак удовлетворил их, порознь и скопом,
Был для них рулём и ветрилом, великим кормчим,
Лучшим другом православных,
Лучшим другом баптистов,
Лучшим другом олигархов, скинхедов, домохозяек,
Алкоголиков, анонимных и явных, далее везде — нет!
Продолжать не буду!
Давно ли такой у них был уже: как вспомнишь —
Так вздрогнешь.
И что? Какие выводы? Словно
Ни памяти у них, ни мозгов, ни сердца!..
Но и жалко ведь их — ну что Мне делать с ними!..
Так и сидит над Россией,
Подперев невыразимую голову руками,
Смотрит перед собой измученным взором.

Один лишь отец Натан
Ни о чём таком в эти дни не молился:
Бушующая оттепель распустила снег, грязь,
Выпустила на волю вирусов сонмы,
И батюшка все эти дни валялся в постели
С жесточайшей ангиной, с любимой затрёпанной книжкой,
Совершенно без голоса —
А март начинал свеченье, подбирался к окнам,
Шевелил сны, как лёгкие занавески —

Батюшка Натан болел, даже
Забывал крестить кружку с травяным чаем.
Бог, само собой, был за это ему благодарен, —
В отличие от старосты и прихожанок,
Сочувствовавших батюшке, но этак сквозь зубы:
В их незыблемом, оловянном представленьи
Священник ни болеть, ни согрешать не может.

Натан во время паломнической поездки по Св. земле посещает психиатрическую лечебницу в Акко

«Батюшка, а пожалуйста, зайдите
Вот в эту палату!
(Что? Ничего, можно:
Дирекция смотрит сквозь пальцы…)
Может, как-нибудь на него подействуете —
Он так беспокоен… Всё-таки
Вы земляки?» — «Ну, что же».

Наверно, за восемьдесят.
Совершено лысый, четыре
Во рту прокуренных зуба.
Голова трясётся,
На обоих глазах — катаракта.
Безошибочно почуял,
Вцепился в край рясы,
Умоляюще языком заворочал:
«Вчера мне небо раскрылось,
И сёстры Берри явились.
Очи чёрные, как винилы,
Крылья трепетны, как в пятьдесят девятом
В Зелёном театре!
И Мирна персты вонзала
В ледяную еловую берёзовую эту землю,
И земле в лицо горько,
Низко обо мне рыдала:
"О неужто тебе мало
Завладеть мужем моим, что ты
Домогаешься и мандрагоров
Моего сына!" —
И звенели от горя рельсы,
И семь раз с трубою
Обойдены были стены Биробиджана,
И, как треть рубиновых звёзд,
Рушились с неба самолёты "Аэрофлота"!
Но тогда звонко, сладко,
Высоко, Клэр нежная вступала,

И жар алых лал мерк,
И открывались ОВИРы, и Мерры
Воды текли сгущённым мёдом,
И пела ко мне: "О, не гони! Где ты
Умрёшь, там и я умру и погребена буду!"
И пели они мне "Папиросн",
И этот мамэ-лошн
Звучит во мне и поныне».

Потом он оглянулся
(Что-то заскрипело
И щёлкнуло в складчатой жёлтой шее)
И опасливо, выпучив
Невидящие глаза, зашептал хрипло:
«А ты кто? Доктор? Что-то
Не похож ты на доктора! Кто ты?
Ты... знаю! Ты злой Салливан! Б-же!
Ты унёс их в когтях, в нети
Закулисы!
Смерть стервятнику ада!»

Нет, я просто священник.
Похоже, в этот дом скорби
Пришёл я напрасно —
Ты не крещён, бедняга,
Даже благословить тебя не могу я.
Просто — побыть рядом
С этой развалиной человека... Разве что
(Что это он, умоляя,
Сунул-таки мне в карман рясы?)
Сохранить... так и есть:
Окурочек папиросн «Беломорн»!
Вот на гильзе — и надпись:
«Мэйд'н голдн Манхеттн».
Бычок несбывшейся мечты мигранта! (И где они
Здесь достают эту контрабанду?)

Натан беседует со стариком портным, пошившим ему рясу

«Конец времён»! Вы мне
Будете говорить!..
«Календарный вопрос!»... Эти ваши
Церковные заморочки! Хотите,
Я вам скажу, как пожилой человек,
Который что-то понял на этом свете?
Да, юноша, конец времён, всё верно.
Но времена в конце не исчезнут —
Вот вспомните мои слова! — Вовсе
Не исчезнут! Они немного
Сдвинутся и совпадут. Как бы это...
Простите, юноша, вы ведь,
Если не ошибаюсь, — еврей?
Ну, так вот, вы — православный священник,
А я — старый атеист, боящийся Б-га —
Б-г ведь есть Б-г и атеистов,
Атеисты — тоже семя
Аврагама, Ицхака и Яакова, верно? —
И мы оба — евреи, так что вы поймёте:
Что, вы ели в детстве щуку?
Так вот, когда придёт конец миру,
Эти ваши старый и новый стили
Совпадут, словно
Шкура и начинка! А куда, говорите,
Денутся тринадцать эти
Дней разницы? — Я с вас смеюсь, право!
Я атеист, а вы священник,
И вам ли не знать такие вещи!
Как добрая мама отделяет нежное мясо,
А щучьи кости и всё это,
Все эти клипот, весь мусор,
Чтоб дитя кушало и не накололось, —
Как всё это она бросает в помойку,
Так всё зло этого мира,
От убийства Гевеля до близнецов-башен,
От золотого тельца до Шоа,

От первой гордыни до последнего скотства,
Б-г таки упихает
В эти тринадцать дней сентября
И выбросит вон!»

«Но как же!
Ведь зло и грех нарастают в этом мире,
Скудеет вера, любви не видно,
Всё меньше в этой рыбе доброго мяса,
И почти уже не осталось, —
Что из такого дерьма приготовишь!»

«Да что вы, юноша! Верьте:
В мире нарастает святость,
И святых много, — вспомните Элиягу,
Как он жаловался в пещере!..
Б-жественные искры не гаснут:
Они живут и пламенеют,
И из них возгорится пламя
Новой жизни и нового утра.
А то, что мы с вами
Святости не видим... Так это
Беда наших глаз, и только,
Бедных наших глаз, треклятых,
В катаракте, с отслоившейся сетчаткой!..
Вы верите мне?»

«Хотел бы верить...
Про слепоту вы, пожалуй, правы...»

«Прав!.. Да и это не вся правда...»

«Не вся?»

«Конечно.
Вся правда — в том, что
Эти мои глаза не видят уж четверть века,
Но шить-то это мне не мешает.

А? У вас есть что-то сказать за вашу рясу,
Молодой человек?»

Натан только
Сглотнул и покачал головой: а ведь верно —
Пошита ряса просто шикарно!..

«Ну, так что вы сидите?
Идите — и не думайте много
Ни о чём таком — и даже
О своей слепоте. Пусть она вам не мешает
Хорошо делать ваше дело».

Идя домой, Натан улыбался,
Перепрыгивал через осенние лужи,
Рассеянно кланялся знакомым, прихожанам,
Сквозь пакет ощупывал рясу:
Надо же, синтетика, дешёвка —
А выглядит шёлком! Не хуже,
Чем у отца благочинного! Завтра,
Завтра Натан её наденет —
Завтра индикт, церковное новолетье,
Венец лета благости Божьей,
Четырнадцатого по новому, первого —
По старому стилю.

БОРИС ХЕРСОНСКИЙ • СТИХИ, НАПИСАННЫЕ О. НАТАНОМ

* * *

Вычисли скорость грехопадения с высоты
возрастающей к примеру на восемь каэм в мин
если масса тела стремится к нулю но ты
ощущаешь тяжесть во веки веков аминь

если дух никуда не стремится а кто
сказал что куда-то должен а ну повтори
повтори тебе говорят повтори а то
видишь стоят и смотрят чудо-богатыри

вычисли силу насилия рассчитай удар
в точке лежащей между другими на той же прямой
в точке кипения сила давления выпусти пар
за каждым вприпрыжку гонится бес хромой

вычисли примерную дату окончанья войны
если кровь не имеет значения а металл
раскаляется до предела если отворены
ворота в бездну о которой никто не мечтал

* * *

Боже мой! Вонми ми! Вскую меня оставил
здесь, на перекрёстке, в толпе, в печали?
Кимвал звучащий, звенящая медь, апостол Павел,
Слово, которое было в начале

Знаки, письменность, речь, оговорки, заминки,
разрешите пройти, чего на дороге стоишь, как идол?
Стоишь в сторонке, живёшь по старинке,
так, чтобы никто Тебя не увидел.

Идут, уткнувшись в газеты, или друг в друга,
Тебя теснят, не впервой, можешь посторониться

Сжимается, расширяется, молода и упруга
Вселенная-сердце и Дух по жилам струится.

* * *

Вдоль стены гетто идёт с кропилом монах,
за ним служка несёт сосуд с освящённой водой.
Луна то проглянет, то спрячется в облаках.
Монах, что Исус Навин с беззвучной трубой,

обходит гетто. Скоро начнётся рассвет.
Монах окропляет стены и крестит тех, кто внутри.
Вот люди проснутся, а нехристей больше нет!
Время быстро бежит. Нужно успеть до зари.

Монах называет первые попавшиеся имена:
Антуан, Бенедикт, Афанасий, Не всё ли равно,
кому какое досталось! Перед глазами — стена.
Скоро рассвет. Но покуда ещё темно.

В гетто спят. Кто спит — не вступает в спор.
Монах ступает тихо — только бы не разбудить!
У входа в гетто стоит огромный собор.
Чтобы тем, кто выйдет, было недалеко ходить.

* * *

Лежишь во тьме, край простыни теребя.
Одеяло подоткнуто вокруг ног.
Голос шепчет: «Подумай, кому, кроме тебя,
нужна твоя вечная жизнь? Спи спокойно, сынок,
никто её не отнимет,
завтра, при свете дня
никто тебя не обнимет,
кроме Меня».

* * *

Посох в руках и обувь надета. Липнет
к телу рубаха. Темна ночь и каменный нож остёр.
Вместо первенца пусть в эту ночь погибнет
белый агнец связанный, блеющий у входа в шатёр.
Тишина. Чуть листва зашумит или ветка скрипнет,
и опять — тишина. Старик разжигает костёр.

Спит Египет, уже привыкший к Господним карам:
то тьма, то мухи, то жабы, чего только не
придумают! А с ягнёнком покончат одним ударом.
Съедят без остатка или остатки сожгут на огне.

Широко проведут по горлу и взгляд его помутится,
ягнёнок выгнется и разогнётся, ничего не чувствуя сам.
И незримая для людей ночная белая птица
подхватит душу ягнёнка и унесёт к небесам.

* * *

Делай, что хочешь, никто тебе слова не скажет,
кляпом рот не заткнёт, за спиною руки не свяжет,
не погонит, подталкивая в спину прикладом
тебя и тех, кто оказался рядом.

Небесный Младенец складывает ладошки
под подбородком, ест небытие из ложки,
потягивается, улыбается, часто-часто моргает:
это от рези в глазах помогает.

И слеза по щеке ползёт. Как за улиткой
след слюдяной тянется тропкой липкой,
туда, не знаю куда, и что нам делать на воле,
лишь бы Он не испытывал боли.

* * *

Тем пустыня и хороша, что всегда отыщется куст,
который тебя позовёт и с тобою заговорит,
и властный голос пробьётся сквозь треск или хруст
горящих ветвей, но куст не сгорает, хотя и горит.

И ты снимешь обувь, приблизишься, покуда жар
не обожжёт лицо и ресницы не опалит.
И в зенит поднявшийся солнечный, огненный шар
подобен Господнему сердцу, что сжимается и болит.

Тем пустыня и хороша, что снова будет пуста.
И ты отойдёшь, и сокроется даль в дыму,
и ты никогда не увидишь уголья на месте куста,
который с тобой говорил какой-нибудь час тому.

* * *

Лучше, если придёшь за час до открытия магазина,
покуда не рассвело, лиц не видно, только фигуры под стенкой
с кошёлками и бидонами. Вот и машина «Хлеб». Запах бензина.
Грузчик в грязно-белом два лотка, подпирая коленкой,

тянет медленно на себя, рядами булки-буханки,
годы, люди, злыдни, неизлечимые мысли, небо лилово,
демоны прячутся, дворняга из консервной жестянки
лакает воду. Если предвечное Слово

и было сказано, тут никто не услышал, чего там,
лучше за час до открытия, с ноги на ногу переминаясь,
думая о своём ни о чем, развлекаясь подсчётом
голов впереди, годов позади, так, не меняясь,

проходит жизнь, если загодя успеваешь всё же,
вернувшись позавтракать, в школу отправить сына,
даже лучше, если одно и то же, Господи, Боже,
лучше, если Ты придёшь за час до открытия магазина.

* * *

вот сказали умер и мощной рукой вознесён
на высо́ты теперь поди докажи ему что ты не масон
не агент мосада ответ затихающий стон

летит бородатый старик с разинутым ртом
руки раскинул ноги на ширину неважно что будет потом
лучше так чем в глубине кротом на земле скотом

вот господь говорит я вселенную в кулаке держу
ты от страха дрожишь а я от гнева дрожу
за три вины погублю и за четыре не пощажу

вот господь сожмёт тебя в ком и бросит тебя далеко
в чужую землю где в чёрном хором поют сулико
где русский танк грузинскому танку брат где не дышать легко

где ущелье поток мелеет гремя испаряясь меж валунов
где на самом краю держит спасает ангел детей шалунов
где разрушенный храм напоминает что мир не нов

раскинув руки раскрыв объятья летит бородатый старик
с кем-то спорит так тараторит сбиваясь на крик
цитирует молитвослов писание сказание патерик

поёт акафист канон псалом видит напрягшегося вола
влекущего плуг оратая сеятеля и дела
совершённые ими слышит многоголосие колокола

канонаду возгласы бранные растопыренные пальцы рук
поднятых к небу взмах порождает звук
горестней чем безмолвие осуждения
продолжительней вечных мук

всё равно хребет мертвеца или кавказский хребет
всё равно облака сахарная вата вязкий шербет
масоны сгорбясь над книжкой твердят свою алеф бет

всё равно святая земля или где православный брат
бьёт православного брата из установки град
грудь бойца широка поместится много наград

господь говорит раз уж умер лети воспаряя ввысь
раскинув ладони лети на колени не становись
не на что опереться не хочешь молиться так не молись

вот говорит восхищу тебя сожму тебя в ком
а снизу глядят на тебя грозят тебе кулаком
и праведность белизна растекается молоком

* * *

запиши меня в книгу жизни запиши
огненным пером из крыла керуба
в огромную книгу взятую в переплёт
из кедровых досок обтянутых кожей
с коваными застёжками из красной меди
запиши меня в книгу жизни запиши
в книгу тяжёлую как сама жизнь
которую не поднять не понять
на страницу которую не перевернуть
всю в пометках как школьный журнал
переведён в следующий класс
в следующий год
в следующий раз
успеваемость посещаемость поведение
никуда не годилось вряд ли исправится
нужно вызвать родителей
прародителей
до седьмого-восьмого колена

запиши меня в книгу страницы
в каплях воска крови чернил спермы
без чего не бывает жизни

чёрный ангел летит с шофаром
летит и трубит в полёте
мне не страшно честное слово
запиши меня в книгу жизни
захлопни кожаный переплёт
щёлкни бронзовыми застёжками
я всё равно не услышу

БОРИС ХЕРСОНСКИЙ · В ДУХЕ И ИСТИНЕ

Цикл Бориса Херсонского «В духе и истине» и послесловие к нему Ирины Роднянской «Попытка комментария» публиковались в журнале «Новый мир» (2010, № 4).

* * *

Начало восьмидесятых. Владыка Гурий (Петров)
получает какую-то грамоту от властей.
Владыка нынче не в духе. Вчера наломали дров
трое семинаристов. Запустили гостей

в общежитие. Правда, обошлось без девиц,
но лучше бы уж девицы — все поступают так.

Начальник борьбы за мир говорит о защите границ.
На средства епархии, вероятно, построили танк.

Гурий тучен, отёчен, одышлив, разряжен в парчу.
В зале душно. Какой-то лозунг на полосе кумача.
Гурий молится в сердце своём: «Я этого не хочу!»
Товарищ вещает про плуг, перекованный из меча.

«Я не верю в Бога (конечно, не веришь), но я
верю в Русскую Церковь (ещё бы! зал
взрывается аплодисментами), в епископат ея...»
(«Ея» — славянизм.) Ну, что же, неплохо сказал

товарищ, а перед собранием, зайдя в кабинет,
велел: «Не трогайте мальчиков, это свои,
от соседей». И надо прищучить гэбистов, но нет,
теперь не выгонишь их, пусть бесятся, бугаи.

Христос страдал и Церкви велел страдать,
Вот, обведут стукача трижды вокруг алтаря.
Прочитаешь над ним: «Божественная благодать,
недугующия врачуя»[1]. Молитва пропала зря.

Ничего не изменишь. «Аксиос![2] Многая лета!» В Дому

---

[1] «Божественная благодать всегда недугующия врачуя и оскудевающая восполняяй» — молитва, читаемая архиереем при хиротонии (рукоположении) дьякона или священника.

[2] Аксиос (греч.) — достоин. Поётся во время хиротонии, при вручении атрибутов дьяконского или священнического служения.

Божьем полно постояльцев, приятелей Сатаны.
Снова: «Многая лета, Владыко!» Впрочем, ему
жизни месяца два, и те ему не нужны.

* * *

Митрополит Гурий устал. Сегодня с утра
принимали владыку Нектария. Грек,
пронырливый остренький старец. Август. Жара.
Литургия. Молебен. Потом полтора
часа катались по городу. Смех и грех.

Тычет пальчиком в купола, спрашивает — где кресты?
Гурий ответствует — сняли, отправили золотить.
Лучше б спросил Нектарий — како блюдёте посты?
Весь народ постится, век партию благодарить.

Вместо среды и пятницы — вторники и четверги.
Рыбные дни в столовых. А рыбки-то вовсе нет.
Очереди у лотков — Господи, помоги,
за цыплёнка убьют друг друга, как будто бы Божий свет
сошёлся клином на синем скелетике — две трёхпалых жёлтых ноги.

Что до крестов, владыко Нектарий, то их «золотят»
лет тридцать. В храме теперь планетарий. Делают, что хотят.

А тут ещё панагия[3]! Подошёл и совлёк
с Гурия, а взамен надел свою, серебро, резьба по кости,
такое братание, получается, панагия — не кошелёк,
а вышло подобие кражи. Боже, прости

многогрешного Гурия! Эмаль, восемнадцатый век,
золото, жемчуга, работа — второй не найти!
Вот такой обмен получился. Изворотливый грек!
Улетают вечером. Ангела им в пути.

А впрочем, и тут — серебро, слоновая кость, размер
с яйцо. Аметист в короне. Вещь совсем не плоха.
Владыка Гурий открывает красного дерева секретер
и кладёт панагию в ящичек — подалее от греха.

---

[3] Панагия (греч.) — Всесвятая — атрибут архиерейского облачения, медальон с изображением Богородицы.

* * *

Владыке Гурию снится: он в окопе сидит,
стрижен под ноль, от голода брюхо свело, продрог.
Он штрафник. Рядом с ним в наколках бандит.
Шутит: пристрелят — сразу узнаешь, есть ли Бог!

То-то ты удивишься, падла! Сказать бы, чтоб замолчал,
да духу не хватит. Озлится, наоборот.
Вот оно, слово, что было в начале начал:
«В атаку!» Владыка молча бежит вперёд,

увязая в снегу. В спину стреляет конвой.
Лают овчарки. На вышке стоит часовой.
Проволока, фонари. Огромный барак. Подъём.
Господи, помяни меня в Царстве Твоём!

Это колокол или в рельсу бьют молотком?
Это смерть или матушка поит его молоком?
Иподиаконы поддерживают или тащат под локотки
к «воронку» негодяи в тулупах? Вот — лужок у реки.

Матушка за руку осторожно ведёт мальчика в глубину.
Вот и церковь видна. Отраженье идёт ко дну.
Мать с мальчика красный галстук снимает,
сминает, суёт в узелок.
Проснувшись, владыка не понимает
почти ничего. Молча глядит в потолок.

* * *

С утра привозили англиканское духовенство, что-то
зачастили к нам, всё говорят о единстве. Или
Рим не может простить им Томаса Мора, или иная забота:
с шотландцами-кальвинистами сфер влияния не поделили.

Показали им кино на английском, понятно, агитка,
цветущий сад монастырский, музыка — хор из «Набукко» —
«На реках Вавилонских» — намёк на рабство. Калитка —
вход на кладбище. Переводчик шепчет на ухо

их епископу. Переводчик — он человек военный. Доложит,
о чём был разговор, но, скорее всего — о ценах
на хлеб и мясо (придумал — мясо! в монастыре!), а, может,
о диссидне и грядущих политических переменах.

Гурий вслушивается: англиканин рассказывает об обольщенье
со стороны обнажённой игуменьи, кагэбистки. Но Гурий тотчас
вспоминает, что «naked KGB» — в данном контексте — имеет иное значенье:
«явно сексотка». Это Варвара. Ага, оказали почесть

еретику: Варвара интеллигентна, после иняза,
комсомолка, спортсменка, красавица, клобук и ряса
делают женщину привлекательней. С первого раза
начала обработку! Торопится! Но этого лоботряса

кентерберийского ей не взять, рыбка-то крупновата.
После кино — прогулка и трапеза, послушник читает
житие Симеона Юродивого, по-английски с акцентом, как будто вата
набита во рту. Мальчик, должно быть, мечтает

быть в чинах у Господа и господина, вернее
сказать — товарища. Но пока испорчен не слишком,
не то что Варвара, ну, Бог разберётся с нею.
Гурий смотрит на семинаристов — не завидую этим мальчишкам.

Провожает делегацию до ворот. Там уже подогнан
автобус, да, ничего машина, красоты несказанной.

В келье на тумбочке — Фёдор Михайлович. Уголок подогнут
страницы, где смерть Зосимы и дух тлетворный, обманный.

Да, виноват был бес перед Алёшей за старца святого!
Украл у Зосимы нетленье, как кошелёк карманник.
Гурий садится и наливает кружку спитого
чая — крепкий врачи запретили, ломает овсяный пряник.

Вечером жди уполномоченного. Явится, не запылится,
поговорить и сыграть партию в шахматы. Игрок, скажем прямо, не слабый.
Господи, почему у всей этой сволочи крупные, грубые лица,
а голос тонкий, елейный, ну — баба бабой!

Гурий осторожно вынимает из жестяной коробки
шахматные фигурки: изделье конца тридцатых —
                                    хорош был тюремный умелец —
жёваный хлеб, лепка, сушка, покраска, ломтики винной пробки
вместо бархатки, клей вместо лака. Гурий — законный владелец

этого раритета. Сорок лет сохранял. Вот, на доске расставил.
Поймёт ли полковник, с кем сыграет сегодня?
Тут не выиграть товарищу, не нарушая правил.
Гурий задавит. Впрочем — на всё воля Господня!

* * *

После уполномоченного в покоях табачный дух.
Окурок «БТ», приплюснутый к блюдечку. Вытряхнуть пепел лень.
Это сделает одна из двух богомольных старух,
которые приходят сюда убирать через день.

Непорядок, конечно, женщины. Но бабки — Божий народ.
Вот перемрут, болезные, а там и Церковь помрёт.

Раннее утро. Готовится выезд в село.
Гурий кричит келейнику: Петре, Камень, потщись,
погибаю![4] Чайку, Владыка? Да нет — ногу свело,
размассируй. Хорош, полегчало. Эх, откуда взялись

наши немощи! Всё по грехам. Вот вчера вечерком
толковал с негодяем. Всё Лернер ему поперёк
горла стоит — увольняйте, де, настаивает горком.
Горком! Дался им Лернер! Еврей, но свой паренёк.

В семинарской библиотеке, совершенствует каталог,
книжки даёт читать приятелям, это он зря.
Но под курчавою шевелюрой — неплохой котелок,
верит, и на работу приходит ни свет ни заря.

И ещё говорил полковник — в селе расписали храм
живописцы-выкресты, но, владыко, у них у всех
в почтовом ящике вызовы в Израиль. Все они будут там.
Кто завтра, кто через год. Это же курам на смех:

иконописцы нашлись! Владыко, вы близко к ним
не подходите. Не заметите, как щёлкает аппарат.
Микроплёнка. А после в газетке «Иерусалим»
вы будете возглавлять этот еврейский парад.

---

[4] Потщись, погибаю — аллюзия с песнопением в честь Богородицы: «Потщися, погибаем от множества согрешения наших».

Гурий вздыхает. Будут, конечно. Все подойдут
под благословенье, бедные. Благословлю, а куда
денешься? Староста настучит, подмётные письма пойдут.

Уполномоченный скажет: опять сплоховал, борода!

* * *

Девять утра. Всё болит. А пора уже
выезжать служить литургию. Владыка смотрит на ЗИМ
и говорит шофёру: Мыкола! Оставь его в гараже.
Повезёшь на своей «копейке». Сегодня покажем им.

(Им — соборному духовенству.) Что, думаешь, не помещусь?
(Действительно, нужно втиснуться, колени упёрлись в живот.)
Повезёшь к задним воротам, по переулку. (Шестую неделю пощусь,
а не сбросил ни грамма.) За двадцать минут добрались, и вот,

через нижний храм Гурий входит в полупустой собор.
Ни дьякона, ни иподьякона, ни попа — все стоят у врат.
И прихожане по большей части вышли в просторный двор
встречать владыку. А Гурий тихо, как враг,

подкрадывается к настоятелю и — хлоп его по плечу:
ждёте-то ждёте, да не с той стороны! Что за парад!
Настоятель думает: свезти бы владыку к врачу —
психиатру. Чисто дитя! А Гурий и сам не рад

розыгрышу. Бросились облачать, бестолково, спеша.
Протодьякон взмахнул рукою — по команде включился хор:
«Тон деспотин» и «Да возрадуется твоя душа»,
«Яко невесту украсивый тя красотою»[5]. (Господи! До сих пор

разбирает смех! Меня — и яко невесту! Семьдесят шесть
минуло в прошлом году, до девяти пудов килограмм добрать.)
Настоятель думает: надо б отправить весть
в Синод. Ишь, вздумалось старику юродивого играть!

---

[5] «Тон деспотин» (греч.), «Да возрадуется душа твоя», «И яко невесту украсивый тя красотою» — строки из богослужебных песнопений, исполняемых при встрече и облачении архиерея перед началом богослужения.

* * *

Пока читали Апостола, Гурий спал наяву,
восседая на горнем месте. Мерещились те года,
когда он в Богородицком, в храме тёмном пустом, как в хлеву,
проповедовал стенам, иконам, лампадам — прихожан и следа
не осталось. До Сибири из храма было рукой подать.
А он попал в Казахстан. Особая благодать.

Грянули «Аллилуйя». Гурий встряхнулся, встал,
возгласил: «Бог молитвами святаго апостола и евангелиста Луки
даст тебе глагол, благовествующему...»[6]. Протодьякон читал
нараспев, возвышая голос, а слов не поймёшь. Боже, как далеки

те страшные годы. И цела ли та церковь? Неужто уберегли?
Быть того не может! Взорвали, снесли или устроили склад,
а потом снесли, местночтимый список Донской свезли
в музей, ободрав для начала оклад. Монастырский сад,

вероятно, вырублен. У кого бы узнать? Постой!
Николай со второго курса, он вроде из тех краёв!
Невысокого роста, рыжеватый, с короткой стрижкой. Пустой
изнутри, да они все такие. Небогатый улов

человеков даёшь ты, Господи, нам, преемникам учеников
Твоих, апостолов, евангелистов, плотников, рыбарей.
У Церкви — невесты Твоей — слишком много земных женихов.
Лернер получше будет. Понятное дело, еврей.

Ближе к вечеру Гурий вызывает Николая к себе.
Николай подходит под благословенье, целует руку, в глазах
тревога. Ну, чего ты боишься? Господа? КГБ?
Старого митрополита? Хитрое дело — страх.

Гурий спрашивает о Богородицком. Цел ли храм? Уцелел!
Как открыли после войны, так и не закрывали! Как,

---

[6] «Алиллуйя» (евр.) — славьте Господа, поётся, в частности, перед чтением Евангелия на литургии. «Бог молитвами святого...» — благословение священника перед чтением дьяконом Евангелия на литургии.

и при Никите? Гурий доволен. И пацан осмелел.
По крайней мере, держит себя в руках.

А список иконы Донской? Как! Всё там же, в углу,
справа от иконостаса в особом киоте? Нет, повтори!
Быть того не может! Владыка приглашает к столу
семинариста. Пётр разливает чай. Как хорошо, хоть бери

и возвращайся туда, но нет, старческие мечты
длятся мгновенье, не дольше. А паренёк задаёт
вопрос: владыко, а правда ли, что, когда были пусты
храмы, вы всё же служили и проповедовали? Ну, вот,

а ты-то откуда знаешь? Да вот бабка моя говорила, что вы
проповедовали пустоте. Две-три девки слушали вас, в том числе — она.
Прятались, из-за колонн не показывали головы.
Вы их не замечали. Для вас — что девушка, что стена.

Ну, уж это — хватил, думает Гурий, как же, ведь не слепой!
То платочек мелькнёт, то личико высветится, то рука.
Оттого проповедовал много и горячо, для девушек, пой,
соловушка! И улыбка застывает на лице старика.

* * *

Чин омовения ног[7]. Духовенство разуто. Стекает вода со стопы.
Гурий, препоясанный лентием[8], омывает и оттирает. Собор
переполнен. Треск свечей, дыханье толпы,
голова кружится, мутится взор.

На Страстной все становятся лучше, чище, даже если (простит
Господь, коли не так) священник не верит. Уклад
церковный целителен сам по себе. Православный быт.
Постные щи. Фимиам. Неожиданно над

Гурием слышится хлопанье крыльев. Голубь. С улицы, сам
по себе залетел, или выпустил кто? Медленный, скорбный лад
песнопений обволакивает, возвышает дух к небесам,
в киоте поблёскивает чудотворной иконы оклад.

Как-то Гурий оговорился, сказал «судотворный образ», ну, что ж,
оговорка имеет смысл. Если подумать, чудо есть тот же суд.
Например — смоковница. Ни благостный лик, ни ложь,
ни омытые ноги никого не спасут.

Во время оно Христос сказал апостолам[9] — вы чисты,
все чисты во всём, только стопы ваши в пыли.
Будьте мудры как змии, будьте просты
как голуби. Боже, мы не смогли

быть простыми, наш Крест не на плечах, а вызолоченный — на груди.
Омовение ног, как всякое подражанье, не в счёт. Голубь летит к потолку[10].
Гурий встаёт, его поддерживают, три дня поста впереди,
а там и Пасха, возможно, последняя на его веку.

---

[7] Чин омовения ног совершается архиереем в Страстной четверг в воспоминание омовения Христом ног апостолам перед Тайной вечерей.

[8] Лентие (церк.-сл.) — полотенце.

[9] Во время оно Христос сказал апостолам… — Далее — известные евангельские речения Христа.

[10] Голубь летит к потолку. — Страстной четверг иногда совпадает с Благовещением. Во время последнего праздника принято выпускать голубей.

* * *

В Страстной четверг после полудня к Гурию в кабинет
приходит Полковник: исповедоваться, причаститься. Год
уже пятый. Исповедь «косметическая», понятно, ибо нет
человека, яже не согрешит — делом, словом, мыслью. Род

безумный, лукавый. Вот Полковник, уполномоченный, решил попытать
счастья в Царстве Небесном, которое гнобит тут, в царстве земном.
Видно, в душу запали ему, подлецу, слова: «Се гряду как тать!»
Тать прибидет, а красть-то и нечего. Впрочем, замнём

для ясности, как говорится. Полковнику Святые Дары
запасают особо, как для больного перед кончиной. Так оно
и есть, все мы смертельно больны, но до поры
об этом не думаем. Плоть и Кровь, Хлеб и Вино,

Вечная Жизнь, Слово, Любовь, ведь не верит он,
Полковник, совсем не верит, но раз в году,
рискуя, приходит. Ни в Благодать, ни в Закон
не верит, разве что в ад: не хочет гореть в аду.

Странно видеть Полковника с руками, скрещёнными на груди,
творящего крёстное знамение, шепчущего: «Слава Тебе,
Боже», благочестив, хоть Святым Владимиром его награди,
а ведь борется с Церковью и преуспел в борьбе.

Перед прощанием Гурий спрашивает: слушай, давно хочу
спросить тебя (они на «ты»), зачем ты морочишь мне
старую голову? На всякий случай? Я не шучу,
вправду, зачем, ведь узнают «соседи», в этой стране

им все известно! Полковник кивает: на всякий случай, мой друг,
так матушка до войны, а сразу после — беременная жена
становились в очередь к пустому прилавку — а вдруг
что завезут. Гурий молчит. Вспоминает те времена.

* * *

Что же ты, Мелитон, семинаристов учишь тому,
что баптисты — суть иудеи? Гурий сидит за столом.
Мелитон пялит глаза, навытяжку стоит у дверей.
(В Академию после армии, сержант. Там учили уму.
Агент. И все же есть в нём какой-то надлом.)
У тебя получается, если не русский, не православный — значит, еврей.

Посудите сами, владыко! Баптисты не признают икон,
а следовательно — воплощения. Не верят в Христа во плоти,
то есть — слуги Антихриста. Моисеев закон —
вот конечная точка их кривого пути.

Ну и логика! Ладно, не горячись. Смотри, как руки дрожат!
Дались тебе иудеи! Успокойся, себя пожалей!
Чем баптистов клеймить, скажи — а сколько деньжат
ты заплатил гадалке? Владыко, пятнадцать рублей.

Гурий встаёт: хорош у меня архимандрит, добро,
что магистр, сектовед, того и гляди, Мелитон,
поставят тебя во епископы! А тебе раскладывают таро!
(Вопрос не в том, что скажет гадалка, что скажет гадалке он?)

Гадалка — тоже сексотка. Профессионалка. К ней
таскается полсеминарии. Её отчёты идут
прямо уполномоченному. Тот считает — владыке видней
и показывает их Гурию. Вот и вся прозорливость. Тут

самое страшное и забавное, что все свои, но всегда
друг от друга таятся, боятся подвоха. У Мелитона вот
появилась зазноба. Бывает. Так он без стыда
всё выкладывает гадалке! Не исповеднику! Так и живёт

жизнью двойной и тройной. А мальчиков учит... Иди
да подумай, что с бабой делать. Только вот — поступай
с ней по-человечески, если не можешь по-божески. И не суди
других, сам в грехах, как в шелках. (Ну, иди, кропай

очередной секретный — всё равно прочитаю — отчёт.)
Больно молод для архимандрита. И не то чтобы был мирской,
скорей перекрученный. Молод. Ему дорога, а мне почёт.
Эх, с кем бы сегодня развеяться за шахматною доской?

* * *

Вспоминает Гурий — в селе на Кресто-
воздвиженье пресное тесто
раскатывали в пласты,
вырезали из теста кресты,
выпекали, сами ели и давали скотине,
чтобы дети зимой не болели
и овцы холода претерпели[11].

А я-то бранился — язычники! О Божьем Сыне
не думают, о страстях Его и о цели
воплощения знать не знают, не молятся, всё им обряды,
да колдовство, да песенки в честь Коляды-Маляды.
Всё бы им дед Никола, милости и щедроты.

Но скотину кормить крестами — ни в какие ворота!

А одна бабка сказала — скоты тоже люди, к примеру, овечки,
я за каждую в церкви зажигаю по свечке.
И коровы — люди, и лошади — люди, а ты,
батюшка, верно, считаешь, что и люди — скоты.

Прозорливица бабка была. Но что ни говори —
все мы скоты, хоть и с образом Божьим внутри.

---

[11] Вспоминает Гурий — в селе на Крестовоздвиженье пресное тесто раскатывали в пласты... — Подобный обычай действительно имел место в сёлах Центральной России.

* * *

Страстная суббота. Гурий слушает, как Михаил
в облачении иподьякона читает чуть нараспев.

Иезикиль стоит меж сухих костей в пустыне[12]. Господи Сил!
Сейчас ты покажешь милость, столь же полно, как прежде — гнев.

И спросил Господь: оживут ли кости сии? Оживут
ли кости сии? Господи! Всё как захочешь Ты!
Прореки: Кости сухие! Слушайте слово Господне! И тут
начнётся самое главное. Сияют кресты

на белых ризах священников, митры на головах,
свечи в руках, толпа вздыхает, тесня
друг друга, платочки бабушек и девах
белы. Вот, долина полна костей, и эти кости весьма

сухи. Оживут ли кости сии, сблизятся ли они,
как в пророчестве сказано? Плотию обрастут ли теперь,
как в пророчестве сказано, идущие в смертной тени
неужели не убоятся, отворится ли вечная дверь?

Как сказано, как написано, как читается в эти дни.

Михаил читает. Странно видеть на вот таком
пожилом, подтянутом человеке с военной осанкой стихарь
мальчишки-прислужника. Владыка с Михаилом знаком
лет пятьдесят. До сих пор дружны, хоть не так, как встарь.

Сын царского генерала. Брат белогвардейца. Странно, его самого
не тронули. С детства храм притягивал Михаила, как булавку магнит,
потом какая-то женщина к рукам прибрала его.
Брак был неудачен. Аборт. Михаил до сих пор винит

себя одного. Пошёл к обновленцам. Там был сначала чтецом,
потом иподьяконом. Когда закрывали собор,

---

[12] Видение пророка Иезекииля о сухих костях: этот отрывок читается во время утреннего богослужения в Страстную субботу.

он уходил последним. Храм взорвали — и дело с концом.
Где был алтарь — поставили Ленина. Так и стоит до сих пор.

Михаил закончил консерваторию. Управляет хором. Гурий из алтаря
видит спину его, затылок и руки. Но в Страстную субботу, в честь
грядущего Воскресения, достойно встречая Царя
Славы, Михаил надевает стихарь, чтобы внятно прочесть

тёмные, страшные пророческие слова о костях сухих,
сближающихся друг с другом, но Духа не было в них,
и сказал Господь — пророки Духу, и сделался шум,
и воскрес весь дом Израилев, великое полчище, и не постигнет ум

величия происходящего. Но душу возвеселит
предчувствие праздника, разогнавшего вечную тьму.

Михаил, иподьякон, читает. Гурий, митрополит,
голову наклоня, в алтаре внимает ему.

* * *

У церкви — невесты Христовой много земных женихов. Пример
афоризмов Гурия. Он думал о том, как Христос вернётся во всей
славе своей, и на ум приходила не Библия, а Гомер,
на Итаку безвестно вернувшийся Одиссей.

А Церковь уже не невеста — а Пенелопа, жена,
окружённая выродками, возжаждавшими осквернить
блаженное тело ея, их участь предрешена,
но вечность тянется медленно, как между пальцами нить.

Стрекочет прялка, крутится колесо, пока
незваные гости, не в силах согнуть Одиссеев лук,
отрыгивают, мочатся, почёсывают бока,
рвут мясо руками, не омывая рук.

Но вот Христос-Одиссей является посреди
обожравшихся, пьяных, валяющихся на полу,
и Церковь-жена возгласит: Муж! Приди и суди!
Лук согни, натяни тетиву и приладь стрелу!

И молнии, стрелы Господни, посыплются на города,
и потоки, слезы невинных, захлестнут с головой
мучителей, лицемеров, доносчиков, без следа
смоют землю твою и народ нечестивый твой.

И меня самого — думает Гурий — вряд ли Он пощадит,
вот если б погиб молодым, была бы надежда спастись.

Но в монастырском саду, где владыка за чаем сидит,
трудно всё это представить. Забудь и перекрестись.

* * *

Михаил болеет. Совсем исхудал.
Диспансер с названием «онко». Очищенный мандарин
на прикроватной тумбочке. Не похоже, чтобы страдал —
улыбается Гурию, что манекены с витрин.

Умирая, теряешь подлинность, превращаясь в свою
иссохшую копию, куклу. Лоб — вощёная кость. У дверей
две хористки в платочках. Михаил говорит — сам подпою,
читай. И Гурий читает акафист, частит, чтобы поскорей.

Михаил пытается петь, но забывается, и тогда
хористки вступают в терцию. Гурий сбавляет напор,
читает внятно, как обновленцы учили: вреда
от пониманья не будет. Вспоминает давнишний спор —

кому читаем? Ангелам или людям? Богу не нужно читать,
всё помнит и так наизусть, память — на зависть нам.
Вечная память Предвечного. Вот, приходит, как тать
за душой Михаила-регента. Пусть управляет там

хором праведных душ сопрано, альтов, а басов, поди,
праведных не бывает — сплошь пьяницы, а тенора
больше по дамской части. Как ни стыди —
пялят глаза, каются и за своё. В каждой бабе — нора,

в которой хочет спрятаться мой зверёк, — говорил Михаил,
как был помоложе. Да и в позапрошлом году
слухи ходили, приятелям хвастался, а на исповеди — утаил.
Гурий кладёт Михаилу на лоб ладонь: я скоро уйду.

Это я скоро уйду, — с трудом говорит больной, —
свидимся, как буду лежать в корыте среди вертикальных вас,
и ты, владыко, будешь стоять надо мной
со всей азиатской пышностию, не в подряснике, как сейчас.

Ну, и ты будешь хорош, — отвечает Гурий, — во фраке при орденах,
два Владимира, Сергий, Антиохийский — как бишь его там, Мать,

Заступница, вот никак не представлю ордена на тенях!

Правду сказал Михаил: будешь стоять
со всей азиатской пышностию.

* * *

Пётр заходит к владыке в спальню. Гурий столбом
стоит посредине, сжав нательный крест в кулаке,
прижимая его к груди. На прикроватной тумбочке том
Достоевского. Лампадка горит, золотя оклад в уголке.

Владыко! Завтра Введение. Всенощную-то куда
служить поедете? В собор или тут, в монастыре?
Владыка молчит, озирается, как говорится, вода
темна во облацех. Владыко, белый день на дворе,

а вы не одеты, нехорошо! Служить-то будете — где?
В духе и истине[13]. Где? В духе и истине. И опять повторил:
в духе и истине. Пётр понимает, что быть беде,
даже слышится что-то, как будто бы шелест крыл

ангела смерти. Зовёт на помощь. Укладывают в кровать.
Гурий бледен. Глаза закатились. Рот полуоткрыт.
Ох, как холодно будет зимою в земле дневать-ночевать!
Вызывают скорую. Гурий очнулся и под нос говорит:

В Духе и Истине. В Духе и Истине. В Духе и Истине.

---

[13] В духе и истине — речение Христа во время его беседы с самаритянкой у колодца.

СЕРГЕЙ КРУГЛОВ • СТИХИ, НАПИСАННЫЕ ВЛ. ГУРИЕМ

* * *

Кана Галилейская! Там ты или здесь?
О тебе с небес ли, с земли ль на небо весть?

Кипит пиво новое, новое вино,
Хор, и свет незнаемый, и гостей полно,

И могуч и тих,
Весел, повелителен — Ты, Отец Посаженный,
Брате и Жених.

Подползу к окошечку, погляжу на пир
Я сквозь гной, сочащийся из незрячих дыр.

«Фу, сквозит!» — и Ангелы
Створки позадвигивают огненной рукой,
А святые строгие скажут: «Кто такой?»

И я в ночь, подкошенный: где мне пропуск взять?
Все кругом хорошие! Некому мне, грешнику,
Луковку подать.

Крёстный ход на Илью-пророка

Кто способен молиться ногами,
В крёстный ход с нами вышел в поля.
Режет небо молитва над нами
И клубится сухая земля.

О презрение чистого духа,
О брезгливость, в надменьи таком,
К глине, ейже не сделаться пухом,
Унавоженной щедро грехом!

Погоди! Вот у края дороги
Остановимся, — хрип, пузыри,
Шила в спинах, истёртые ноги, —
Вот попробуй тогда говори!

Станут в круг, задыхаясь, старухи,
Серый батюшка возглас подаст, —
Что ж замолкнул ты, дух тугоухий,
Ум без мозга, мерцанье без глаз?

Что, пытаешься? Рылом не вышел.
Только тот с этой речью знаком,
Кто запевы акафиста движет
Пересохшим, как жизнь, языком,

Не о высшей зовёт благодати —
Всё о жажде зовёт, о еде,
Всё о трате, тщете, об утрате,
О себе, о суде. О дожде.

Житейский опыт

Кадавр бытованья моего
(«Сожрите тайно плод — и будете как боги!»),
Из разнородных побрякушек существо,
Подобранных случайно на дороге.

Поднос с зажаренной горючею мечтой
Пред ним мы ставили, и ладаном кадили,
Его мы кровью, спермой и слюной
Любви зарезанной скрепляли и лепили.

Устойчивый и коренастый бог,
Он — никакой, не ласковый, не гневный,
Самоуверенный и правильный молох,
Питающийся жертвой ежедневной.

Его напрасно обвиним мы на суде:
Неверье наше, тень от нашей тени,
Безгласный идол, полый, как Нигде,
Он — это мы. А нам гореть в геенне,

Где, простоты и света лишены,
Кипят, не выкипая, слёзы эти,
И где не слышен Голос с вышины:
«Примите плод. И будете как дети».

* * *

Под бурю, клонящу основы,
Под ропот российских берёз,
Священник священной коровы
Встречь ветра поёт, нетверёз:

«Коль сам о себе не спою я —
Пиита о мне не споёт,
И, правды небесной взыскуя,
Ко мне Богожаждец нейдёт;

На каждой дрожащей осине,
На каждой прогонной версте
Склоняет меня разночинец,
Что вот де уты, утолсте;

Эстетик корит фофудьёю,
Руки либерал не даёт,
Богач уязвляет пятою,
И пахарь за плугом клянёт, —

О сколь бы ты, буря, ни длилась,
Одно только ведаю я:
Лишь только б корова доилась,
Корова б доилась моя».

На смерть кота

Обет безбрачия отринувший монах
И в мартовских боях велеискусный,
Келейник верный мой в мохнатых галунах,
Митрополичий кот по кличке Суслов!

Уж по ночам тебе не согревать
Венозных стоп моих, во сне урча и мрея,
На креслице в приёмной не взирать
С презрением на сельских иереев,

Уполномоченного, тряся, не встречать
Спиной, хвостом, будёнными усами,
И брюк джерси его не украшать
Надседыми линялыми власами…

Ушёл ты тихо в смерти естество,
Забившись старчески под дальний угол койки,
И окормлять меня оставил одного
Епархиальные помойки.

Век маеты, довольства пять минут!..
Так пусть тебе, в твоём кошачьем рае,
Эдемски реки млеком да текут,
Да блещут хеком и минтаем!

Вслед не замедлит — Боже, укрепи! —
Иподиаконом с косою увлечённый,
Хозяин твой, ещё ходящий по цепи
У века-гицеля котом учёным.

Ирина Роднянская

Попытка комментария

«В духе и истине» — не просто «цикл стихотворений», но повествование в форме такого цикла. Как и в некоторых других своих композициях, Борис Херсонский доводит «поэму сжатую поэта» до сжатости уже запредельной, оставляя от её мыслимого сюжета моментальные вспышки, так сказать, концепты эпизодов, которые побуждают читателя всматриваться в смутное мерцание умолчанного между ними.

Тем не менее это всё-таки связный рассказ, «повествованье в отмеренных сроках», если дозволено воспользоваться уникальной солженицынской формулой.

Прежде всего, не будет большой натяжкой предположить (хотя автор намеренно нехроникален), что перед нами проходит последний год жизни героя цикла — владыки Гурия, архиерея Русской Православной Церкви (лицо собирательное, не имеющее, надо думать, однозначного прототипа). Вплоть до весенних эпизодов Страстной седмицы и приближающейся Пасхи никаких «сезонных» указаний в стихах нет, но ничто не мешает заключить, что начало цикла совпадает с началом года, скажем, 1982-го, или с самым концом предыдущего (семинаристы, вспомним, не разъехались из общежития, значит, у них зимний семестр). А в финале владыка отдаёт Богу душу на Введение Богородицы во Храм, то есть 4 декабря н. ст. Последний год итожит прожитую жизнь.

Но за этой предположительной «малой» хроникой маячат другие «отмеренные сроки»: хронология бытия «пленённой Церкви» — под советско-коммунистическим прессом. Верней, «реперные точки» (как теперь любят говорить) этой хронологии.

Архиерею семьдесят шесть лет, родился он, выходит, около 1906 или 1908 года, в верующей, должно быть, семье (тот ли он мальчик, которого матушка заводит в храм, снимая и скатывая в узелок его пионерский галстук, или картинка, привидевшаяся ему во сне, не автобиографична? — в 1922 году, когда пионерия вылупилась на свет, он, пожалуй, уже подросток). Когда был рукоположен во иерея, а потом, постриженный, — во епископа, не узнаём; но, в сане или нет, побывал, видно, в рядах «обновленцев», то есть в движении, поддерживаемом советской властью против канонической Церкви с целью её расколоть и подчинить, но привлекавшем на первых порах многих искренних людей, которые мечтали о церковной реформе, намеченной ещё Всероссийским собором 1917 — 1918 года. (Регент владыки Михаил, из «бывших», в обновленцах состоял, Гурий же знает его с полвека, тогда-то скорее всего и познакомились, — а десятилетия спустя он читает над умирающим Михаилом акафист, «внятно, как обновленцы учили», — правильно учили, ничего не скажешь!)

Далее, как можно уяснить из разговора владыки с семинаристом Николаем и нахлынувших воспоминаний, он, идя путём большого числа обновленцев, воссоединился с Церковью и служил сельским священником, самоотверженно сопротивляясь давлению извне. Пока в 30-е годы (когда церковные приходы по всей стране были, за редкими исключениями, разгромлены, а священники, клирики и монахи массово репрессированы) не оказался на зоне (в Казахстане, не в Сибири, — «особая благодать», хотя и сомнительная: Николай Заболоцкий именно там потерял остатки здоровья), а с началом Отечественной войны — попал в штрафбат, «смывать кровью» вину перед властью (об этих мытарствах узнаём из его мучительного сновидения). В недолгий, сразу после 1945 года, период открытия церквей (тактический ход сталинской политики) был, очевидно, возвращён к служению (кадров «после всего» ох как не хватало!). Как пережил в начале шестидесятых очередное, хрущёвское гонение на Церковь, неведомо; но и эта веха косвенно не обойдена автором: Гурий узнаёт, что во время тогдашнего погрома милый его сердцу сельский храм, где служил он до ареста, — устоял...

В начале восьмидесятых Церковь не только «пленена», но уже давно и основательно приручена, и владыка Гурий крепко «вписан» в это сравнительно вегетарианское время; внешне совершенно лоялен к атеистической власти, обеспечивает непременные поборы с епархии на «борьбу за мир» (знаем, помним мы эту борьбу…) и награждается какой-то правительственной грамотой; скрывает от своего греческого собрата факты антицерковных действий властей (почему купола без крестов? — «отправили золотить»), участвует в навязанном сверху, в целях всё того же международного обмана, «экуменизме» (приём англиканского духовенства); с областным уполномоченным по культам запанибрата, играет с ним в шахматы, прознаёт от него кое-что о «соседях» (гэбистах) и даже, в довершение этой неестественной «симфонии», исповедует и причащает того — невера, побаивающегося, однако же, адских мук: а вдруг там «что-то есть»?

Владыка рассудком своим не верит, что этот заведённый расклад может сдвинуться для Церкви к лучшему: «ничего не изменишь», перемрут бабки-прихожанки, «а там и Церковь помрёт» (некоторый, сужу по своей памяти, анахронизм: фразу эту мы слыхивали в начале шестидесятых, а в начале восьмидесятых в храмах уже было немало новообращённой молодёжи — конечно, только в столице и в самых больших городах). Не по инерции ли продолжает он нести служебные тяготы?

Словом, перед нами среднестатистический епископ-коллаборационист «красной» Церкви, как её враждебно называли в Церкви «белой», Зарубежной, да и среди «непоминающих» (отказывавшихся «возносить» при богослужении имя митрополита-местоблюстителя, а затем «сталинского» патриарха Сергия и ушедших «в катакомбы»).

...И тут я наконец скажу, что побудило меня — помимо пристального сочувственного внимания к тому, что пишет Борис Херсонский, — взяться за это подобие комментария. Находясь в той самой, «красной» Церкви с 1963 года и, разумеется, участвуя во всех келейных спорах о её трагедии, я не обнаруживала в этих спорах собственного места, убедительной для себя позиции. Тем более не могла в ней утвердиться, когда в пору гласности и открытия секретных архивов (ныне снова закрытых) весь этот «коллаборационизм» вышел наружу и стал предметом громких обвинений со стороны одних и не менее громких, часто лукавых, оправданий со стороны других.

И тут-то не богослов, не церковный публицист, не историк, а художник, поэт (как это издавна водится в нашей литературоцентричной России) высказал некую правду, которую я искала (а в душе своей знала и раньше).

Его владыка Гурий — хоть грешен перед Истиной (недаром «держит ум во аде» — думает: кабы убили смолоду, может, и спасся б, а теперь-то...), — но ведь и праведен! — и по мере вникания в повествование о нём второе перевешивает. Перевешивает не только из-за знакомства с его страдным прошлым. Он зряч и мудр в отношениях с людьми, от него зависимыми; никого не осуждая, смягчает их эксцессы, компенсирует своим знанием жизни и человеческой души их одичание и невежество. Притом автор наделил его теми чертами детскости («будьте как дети»), какие так притягательны в великих русских святителях и подвижниках и какие рассудительный батюшка, свидетель его «юродивой» выходки, готов отнести к старческим отклонениям. Сама эта выходка говорит о том, как тяготится он «азиатской пышностью» всего церемониала, связанного с его саном, — что добавляет симпатии к его внутреннему облику, по крайней мере — моей. (О. Сергий Булгаков в очерке «Моя жизнь в православии и священстве» называл это «увлечение помпой» «культом епископства, придающим богослужению до известной степени оттенок архиерееслужения»).

А главное, он под внешним покровом «соглашательства» не оставил свою «первую любовь» (Отк. 2: 4) — к Церкви Христовой, и нет для него ничего дороже её. О ней он думает во время чтения потрясающего пророчества Иезекииля на утрене Страстной субботы: «Оживут ли кости сии?» Он превосходно ориентирован в действиях её врагов и ложных друзей («земных женихов»), и вложенная в его уста притча о Христе-Одиссее, изливающем на них гнев, дышит тем же сердечным жаром.

И когда он, при конце, бормочет помертвевшими инсультными губами слова: «В духе и истине...», мы уже вполне готовы согласиться, что он-то и есть «истинный поклонник», один из тех, о ком говорил Спаситель самарянке. Напомню отрывок из Евангелия от Иоанна (4: 23), читаемый в храме в пятую пасхальную «Неделю о самаряныне» и всплывший в гаснущем сознании епископа: «...настанет время, и настало уже, когда истинные поклонники будут поклоняться Отцу в духе и истине, ибо таких поклонников Отец ищет Себе».

Заимствованное отсюда название цикла поначалу получает (как это свойственно палитре Херсонского) едва уловимый оттенок иронической горечи — ибо ризы владыки отнюдь не без пятен; но горечь эта рассасывается, и прописные литеры в последней, за смертным пробелом, строке говорят об оправдательном приговоре, который, ещё до суда Божьего, выносит суд поэта. Этот редкий баланс справедливости и милосердия и есть искомая — художественная — правда, совпадающая для меня с правдой исторической.

СОДЕРЖАНИЕ

Илья Кукулин. Новые Странствования по душам * 5

Сергей Круглов • НАТАН

Натан едет в поезде 21
Натан на автобусной остановке 23
Натан принимает сан 24
Натан и я пьём вечером чай на террасе 26
Ещё один сон Натана 27
Натан христосуется в день Светлого Христова Воскресения 29
Натан оборачивается к прихожанам, чтобы их благословить 30
Из наблюдений Натана над прихожанами-антисемитами
   Гитара * 31
   Навоз * 32
   Сколько!.. * 33
   Из письма антисемита в редакцию газеты «Доколе!» * 35
Натан идёт на прогулку 36
Натан участвует во встрече архиерея 38
Натан встретился с другом-атеистом 43
Натан и выборы правителя 45
Натан во время паломнической поездки по Св. земле
посещает психиатрическую лечебницу в Акко 48
Натан беседует со стариком портным, пошившим ему рясу * 50

Борис Херсонский • СТИХИ, НАПИСАННЫЕ О. НАТАНОМ

«Вычисли скорость грехопадения с высоты...» 55
«Боже мой! Вонми ми! Вскую меня оставил...» * 56
«Вдоль стены гетто идёт с кропилом монах...» 57
«Лежишь во тьме, край простыни теребя...» * 58
«Посох в руках и обувь надета. Липнет...» * 59
«Делай, что хочешь, никто тебе слова не скажет...» * 60
«Тем пустыня и хороша, что всегда отыщется куст...» * 61
«Лучше, если придёшь за час до открытия магазина...» * 62
«вот сказали умер и мощной рукой вознесён...» 63
«запиши меня в книгу жизни запиши...» * 65

Тексты, отмеченные звёздочкой, на бумаге публикуются впервые.

Борис Херсонский • В ДУХЕ И ИСТИНЕ

«Начало восьмидесятых. Владыка Гурий (Петров)...» 69
«Митрополит Гурий устал. Сегодня с утра...» 71
«Владыке Гурию снится: он в окопе сидит...» 72
«С утра привозили англиканское духовенство, что-то...» 73
«После уполномоченного в покоях табачный дух...» 75
«Девять утра. Всё болит. А пора уже...» 77
«Пока читали Апостола, Гурий спал наяву...» 78
«Чин омовения ног. Духовенство разуто. Стекает вода со стопы...» 80
«В Страстной четверг после полудня к Гурию в кабинет...» 81
«Что же ты, Мелитон, семинаристов учишь тому...».........................82
«Вспоминает Гурий — в селе на Кресто-...» 84
«Страстная суббота. Гурий слушает, как Михаил...» 85
«У церкви — невесты Христовой много земных женихов. Пример...» 87
«Михаил болеет. Совсем исхудал...» 88
«Пётр заходит к владыке в спальню. Гурий столбом...» 90

Сергей Круглов • СТИХИ, НАПИСАННЫЕ ВЛ. ГУРИЕМ

«Кана Галилейская! Там ты или здесь?..» * 93
Крёстный ход на Илью-пророка * 94
Житейский опыт * 95
«Под бурю, клонящу основы...» * 96
На смерть кота * 97

Ирина Роднянская. Попытка комментария 98

www.ingramcontent.com/pod-product-compliance
Lightning Source LLC
Chambersburg PA
CBHW071307040426
42444CB00009B/1908